EL ACTO NO NATURAL DEL PERDÓN

SIMPLEMENTE NO ES NATURAL

Jack King

Este libro fue publicado originalmente en inglés con el título "UNNATURAL ACT OF FORGIVENESS"
© 2008 por Publicaciones 318
ISBN-978-0-615-23137-2
Diseño de Portada por Kevin Gilmore

Todos los textos bíblicos han sido tomados de la versión Reina Valera Revisada de 1960.

2009 por Códigos de Vida Editorial
ISBN- 978-9978-362-15-0
PRIMERA EDICIÓN
Editado por Zoegraf Producciones
Av. Paucarbamba 1-193 y Manuel J. Calle
(593 7) 2885 097 - 4091 792
CUENCA-ECUADOR

Traducido al español por Franco David Medina 2009

conexión mundo TRADUCCIONES

www.proz.com/profile/875926

Impreso en:
COLORNOVA
(593 7) 2829444
CUENCA - ECUADOR

Códigos de Vida
Zoegraf

En mi primer libro titulado "Asesinato por Contrato", hablé sobre la historia real del asesinato de mi padre y la forma en que ese evento impactó mi vida. El libro fue escrito a manera de una historia de ficción por fines legales. Los nombres, relaciones y ubicaciones fueron cambiados para proteger la identidad, tanto de inocentes como de culpables. Esos mismos cambios ficticios se han utilizado en este libro por la misma razón. Cualquier similitud en las ubicaciones o los nombres es meramente una coincidencia y de ninguna manera intenta incriminar o insinuar las circunstancias reales. Este libro contiene fragmentos de mi testimonio compartido previamente para ilustrar las lecciones y verdades que yo aprendí acerca del perdón de la Palabra de Dios.

"*Y sabemos que a los que aman a Dios, todas las cosas les ayudan a bien, esto es, a los que conforme a su propósito son llamados*"

Romanos 8:28.

Bendiciones,

Jack King

Reconocimientos

Quiero agradecer al Señor Jesucristo por las verdades que Él me ha impartido en el área más vital de nuestra fe. ¡Que cada parte de este libro pueda ser un testimonio para Su gloria!

Le debo tanto a mi esposa Betty por su amor consagrado, respeto y perdón.

Gracias por enseñarme lo que es el amor de Dios en realidad. Te amo.

Dios me ha dado la familia más maravillosa que yo pude haber soñado; mis hijas, hijos, nietas y nietos me han apoyado, han orado por mí, y me han amado de tantas maneras. Gracias a Melissa y Rodney, Jocelyn, Hannah, Kaitlin Murray, a Kara y Scott, Ethan, Emma, Evan, Eli Childress, a Amber y Jonathan Price, a Zac y Krista, a Taylor King y al que pronto será mi noveno nieto. Y por último (en orden pero no en importancia), gracias a Chad, para quien Dios tiene planes increíbles.

El Señor ha puesto muchos de sus hombres increíbles en mi vida para alentarme y fortalecerme al escribir este libro; ellos han viajado y han ministrado conmigo alrededor del mundo, y cada uno de ellos sabe quién es y el lugar especial que tiene en mi corazón. No quiero comenzar a nombrarlos y luego olvidarme de alguno, pues la lista sería muy larga. ¡Dios los bendiga a todos!

Gracias Jeanne Terrell por saltar a bordo "en el último minuto" y editar profesionalmente la manera de expresarme en una herramienta increíble de ministerio. También mi agradecimiento especial a Keith Scarborough y Masterpiece Printing en Dallas, Texas; y un reconocimiento exclusivo a Kevin Gilmore por el Arte de la Portada, Ignitedgraphics.com en Dallas, Texas.

Muchas gracias a la familia de Edwin Louis Cole por entregar sus vidas para llevar más allá la causa de Cristo, en las vidas de los hombres alrededor del mundo.

Índice

PRÓLOGO

Sin duda alguna puedo decir que no conozco a ningún otro hombre quien entienda el asunto del verdadero perdón como Jack King. Su travesía es única, por así decirlo.

Conozco por más de doce años a Betty y a Jack, a quien he observado en muchas situaciones con líderes de todas partes del mundo. Él es el mismo donde sea que vaya. Jack es un hombre de compasión e integridad, y debido a esta verdad de la vida creo que "¡el perdón es un alivio!"

Por quince años, Jack fue la mano derecha de mi héroe y mentor, el Dr. Edwin Louis Cole, quien vio en Jack la misma fuerza que yo he visto. La revelación que usted recibirá de este libro de verdades lo mantendrá libre de ofensas para caminar en el completo favor de Dios.

Mírelo de esta manera: la falta de perdón que usted guarda hacia alguien más está realmente deteniendo su milagro. La Palabra de Dios dice que Él no puede perdonarnos si nosotros no perdonamos a los demás. La parte triste de esta escena es que a menudo las personas con las que usted está enfadado, ¡ni siquiera lo saben! No permita que lo que ellos ignoran detenga su bendición. El perdón es una decisión. ¡Decídase por la vida!

¡Gracias Jack por escribir este libro y traer alivio a muchos! ¡Sigue adelante!

G.F. Watkins
www.dangerousgames.org
Fundador y Pastor Principal de Powerhouse Christian Center, Katy, TEXAS
www.powerhousecc.com

Fundador de Jordan Ranch, un Centro de Retiro de 5 estrellas, donde se ministra la restauración que cambia vidas a líderes y sus familias. www.jordanranch.org

G. F. y su esposa Rose comenzaron la iglesia en 1996. Ellos han estado casados por más de 20 años y tienen 3 hijos.

INTRODUCCIÓN

¿Alguna vez ha experimentado la tragedia en su vida?

¿Alguna vez ha sentido la punzada de haber sido perjudicado injustamente?

¿Alguna vez ha perjudicado a alguien injustamente?

Si su respuesta a cualquiera de estas preguntas es afirmativa, ¡este libro ha sido escrito para usted!

Seguramente alguna vez y de alguna manera usted ha sido herido. Incluso las ofensas menores pueden causar resentimiento e ira que perduran por años. Quizás algunas personas lo han herido profundamente y nunca le han ofrecido una disculpa; no se trata simplemente del hecho de no haber dicho que lo lamentan, sino de que quizás usted ha continuado consumiéndose y sufriendo, sabiendo que ellos nunca han tenido que pagar por lo que hicieron.

Usted posiblemente ha enfrentado desafíos aún mayores, tales como la pérdida inesperada de un ser querido, el horror de la violación sexual, o el desconcierto del abuso infantil. Pero Dios "sí" entiende, y Él "puede" sanar su corazón desilusionado.

Aunque su dolor más profundo provenga de un trauma físico, verbal, sexual, o emocional, su poder puede restaurarlo por completo. Si usted se lo permite, Él está dispuesto a poner ungüento en sus heridas, y posteriormente usará aquello con lo que más lo han herido para ministrar a otros y liberarlos del mismo dolor que usted siente ahora.

El odio, la venganza, la amargura, el reproche, y la culpa se habrán ido y usted se hallará libre de la falta de perdón, aunque haya estado consumiéndolo todos los días de su vida.

Hace varios años me enfrenté cara a cara con algunas decisiones agonizantes en mi vida cuando a mi padre se le disparó y asesinó brutalmente. El perdón no fue mi reacción al principio, pues yo estaba enfurecido. La misión implacable de vengar la muerte de mi padre se apoderó de mi mente, corazón, y espíritu, conduciéndome a la decisión de encontrar a los responsables para hacerlos pagar por eso.

No me imaginaba que estaba a punto de embarcarme en un viaje donde descubriría que nada más me podría liberar excepto por la verdad. Yo estaba en pos de la verdad a través del sistema judicial, la verdad acerca de quién mató a mi padre, pero Dios estaba en pos de mí con su verdad sobre lo mucho que me había perdonado. El momento que logré recibir la verdad, mi vida se transformó completamente y me di cuenta que su gracia era suficiente. Por eso estoy convencido que usted puede beneficiarse de lo que yo aprendí.

El mayor poder que Dios le ha dado es el poder de decisión, es decir, su voluntad. La decisión más poderosa que usted puede tomar es la de perdonar, y cuando decide hacerlo, usted será perdonado.

Este libro se trata de la verdad del perdón, pero también le dirá las verdades acerca de la falta de perdón.

¡Nada lo hará más libre, excepto la verdad!

CAPÍTULO I

LA TRAMPA DE LA FALTA DE PERDÓN

Dios es el creador de cada principio sobre la faz de la tierra por el cual nosotros vivimos y nos desenvolvemos; estos principios son un reflejo de un principio del reino, o de un principio espiritual creado por Él. Nosotros aprendemos los principios del reino en la vida de Cristo. Jesús manifestó aquellos principios cuando estuvo en este mundo de la manera que fueron creados y establecidos desde el comienzo de los tiempos. Jesús vino para traer el obsequio del perdón de parte de Dios para el mundo, el cual es el mayor principio del perdón. Si aceptamos ese perdón, estaremos en el reino eterno de Dios, si no lo aceptamos, entonces no seremos perdonados y estaremos perdidos por la eternidad.

El primer paso para caer en la trampa de la falta de perdón consiste en ignorar la Palabra de Dios acerca del perdón. La falta de perdón es la base del reino de las tinieblas. Mi premisa para decir esto se encuentra en Mateo 6:15, donde Jesús le da a los discípulos lo que conocemos como "El Padre Nuestro". Una vez que Él dice "amén" en el versículo 13, continúa en los versículos 14 y 15 haciendo énfasis en un aspecto de esta increíble oración: el perdón. *"Y no nos metas en tentación, mas líbranos del mal; porque tuyo es el reino, y el poder, y la gloria, por todos los siglos. Amén. Porque si perdonáis a los hombres sus ofensas, os perdonará también a vosotros vuestro Padre celestial*". (Mateo 6:14-15)

Este libro se trata de la verdad del perdón, pero también le dirá las verdades acerca de la falta de perdón.

Es interesante que Jesús se dirija a otro asunto luego de este versículo, en lugar de continuar con el tema. Él dice directamente que se debe perdonar para que el Padre en los Cielos nos perdone. Si no perdonamos a los demás, el Padre en los Cielos no nos perdonará. Jesús nos dio "sólo" esta oración, y ni siquiera después de haber sido crucificado y resucitado de entre los muertos, no añadió otro "Padre Nuestro", simplemente re-enfatizó lo que ya había dicho.

Padre, perdóname así como yo perdono a los demás.

Al regresar al versículo 12, vemos que Jesús habló con mucha claridad sobre aquello por lo que debemos orar.

Muchos de nosotros decimos El Padre Nuestro todos los días, orando y creyendo que Dios escucha nuestras oraciones y que nos responderá. De pronto nos encontramos orando así: "Perdóname Padre, así como yo perdono a los demás". Bueno, ¡eso es exactamente lo que Dios el Padre hace! Nosotros somos perdonados de la manera "exacta" en la que perdonamos a los demás.

Recuerdo la primera vez que vi la terrible

palabra "como"; yo no quería orar esta parte, me detenía en "Padre perdóname", y pensaba qué significaba la frase "así como yo perdono a los demás". A menudo bromeo sobre mi propia traducción de la Biblia, a la cual graciosamente llamo "la traducción del Rey Jack", en lugar de "Reina Valera". Mi traducción siempre concuerda con lo que mi carnalidad desea, y no con lo que el Espíritu Santo desea. Esto le permite a mi carne ignorar o cambiar lo que no le gusta, por ejemplo ese "como".

Bien, simple y llanamente, si no perdonamos a los demás por sus ofensas, no importa cuán pequeñas o grandes sean, nuestro Padre celestial no nos perdonará.

¿Qué parte de esto no entendemos? Esto hace que la falta de perdón se vuelva un acto de desobediencia, y según lo que he leído en la Biblia, ningún espíritu desobediente entrará en el Cielo. Fue justamente esto lo que causó que Lucifer fuera expulsado del Cielo, pues él quería ser adorado en vez de dirigir la adoración, y condujo a un tercio de los ángeles del Cielo a la rebelión y a la desobediencia.

Yo he llegado a una conclusión basada en Mateo 6:15, y es la siguiente: "Una vez que hemos nacido de nuevo y que tenemos una relación con el Dios Omnipotente, nuestro Padre, por medio de Jesucristo, su Hijo (quien es el único camino al Padre), entonces nuestra relación con Dios el Padre, desde ese momento en adelante, es determinada por nuestra relación con los demás. ¡Esto es algo serio! La falta de perdón no sólo es algo serio, sino que se convierte en una trampa que el enemigo prepara cuando somos heridos por otra persona. Deténgase aquí y piense en esto antes de continuar: nuestra relación con Dios se basa en nuestro perdón hacia los demás por sus ofensas contra nosotros. Yo creo que la oración en el verso 12 es un recordatorio constante para nosotros, y cada vez que oramos "El Padre Nuestro" y decimos: "Perdóname así como yo perdono a los demás", deberíamos recordar la gravedad de la falta de perdón. Pero parece que, o bien no oramos El Padre Nuestro lo suficiente para caminar en el perdón, o tenemos una memoria terrible. O quizás la batalla entre nuestra carne y el espíritu, a lo que el Apóstol Pablo se refirió en Mateo 26:41, no está marchando bien.

He aquí los pensamientos equívocos, o como dijo el Apóstol Pablo, "los dardos de fuego del maligno":

Si usted perdona a las personas, ¿dónde queda la justicia?

La falta de perdón pasa por alto la veracidad de la Palabra de Dios.

¡Es injusto que ellos no tengan que pagar por lo que hicieron!

Si usted los perdona, quizás nunca tengan que "responsabilizarse" por lo que le hicieron.

El enemigo traerá pensamientos negativos a su mente para convencerlo de por qué los demás no se merecen el perdón, y usará esto para tenderle trampas, para que "pase por ellas", y para hacerlo caer sin que se de cuenta. Satanás nunca le dirá ni le recordará lo que dice la Palabra de Dios: "Si tú no perdonas, Dios no te perdonará". Por eso, recordémonos continuamente a nosotros mismos, y a Satanás, la forma en la que Dios nos perdona.

El perdón no viene a nosotros como algo natural, y perdonar automáticamente no es algo que hacemos por naturaleza, por el contrario, nuestra tendencia es a desquitarnos. Pero lo cierto es que la falta de perdón detiene la comunión con Dios; no podremos tener comunión con Él. No se puede tomar la Santa Cena en comunión con Dios si se tiene algo en contra de alguien. Después de que Jesús tuvo comunión en la Última Cena, leemos en 1 Corintios 11:27-29:

"*De manera que cualquiera que comiere este pan o bebiere esta copa del Señor indignamente, será culpado del cuerpo y de la sangre del Señor. Por tanto, pruébese cada uno a sí mismo, y coma así del pan, y beba de la copa. Porque el que come y bebe indignamente, sin discernir el cuerpo del Señor, juicio come y bebe para sí*".

Tomar la Santa Cena con falta de perdón en el corazón es hacerlo indignamente.

Una vez más, esto deja en claro que cuando usted no perdona, solamente se castiga a sí mismo. No castiga a su ofensor, únicamente lo castiga a usted. Sin embargo, Satanás le dirá nuevamente que ellos no merecen ser perdonados. Bien, ¿sabe algo?, usted y yo tampoco lo merecíamos. Pero Dios nos amó de tal manera que nos perdonó a través de la sangre derramada por Cristo. Nosotros conocemos esta revelación, sin embargo nuestra carne y Satanás quieren bombardearnos con todas estas razones para vengarnos y desquitarnos.

El Creador es Dios, no es Satanás, quien no puede crear nada, sino tan sólo puede engañar. Satanás solamente puede pervertir los principios del Reino celestial para engañar a las personas. Si él logra persuadirnos para que rechacemos los principios de Dios acerca del perdón, entonces impedirá que cosechemos los beneficios de las bendiciones del perdón. Por lo tanto, su meta es seducirnos a creer que los demás no merecen nuestro perdón; él aviva la venganza, el odio, y la ira hasta que seamos engañados ha aferrarnos a nuestra falta de perdón. A nuestra carne (nuestra vida fuera del control del Espíritu Santo), le parece que hacer esto es lo más natural; la venganza, la ira, y el odio vienen naturalmente cuando alguien nos hace daño, y como resultado la falta de perdón se liga a nosotros.

No es necesario enseñar a nuestros hijos acerca de la falta de perdón, ni de la desobediencia, pues ellos ya lo saben sin siquiera haber visto un ejemplo. Cuando Susie empuja al pequeño Johnnie fuera de su triciclo, nadie tiene que salir y enseñarle a él a saltar sobre ella y empujarla de vuelta ya que es un acto natural que nace de la naturaleza humana.

El perdón no se practica entre las naciones cuando se violan los límites y ocurren las guerras. La historia no ha mostrado que los gobiernos hayan pedido posteriormente a una nación o a las personas que los perdonen por las atrocidades que se cometieron contra ellos en tiempos de guerra, aunque una excepción se dio cuando Alemania del Este y del Oeste se unificaron de nuevo en años recientes. Es interesante que la Primera Ley del Parlamento bajo el nuevo Gobierno Alemán, fuera una declaración que pedía a los judíos perdón por los crímenes cometidos en contra de su pueblo.

Hay muchos problemas para perdonar

porque la falta de perdón parece mucho más lógica en ciertas situaciones. Algunas veces es difícil superar el sentimiento de que simplemente no parece haber justicia, y se considera injusto que algunos no tengan que pagar por lo que hicieron. Cuando alguien lo hiere, su carne quiere desquitarse; parece ser lo más lógico, simplemente viene como algo natural.

Es natural sentir que a uno se le debe algo, cuando ha sido ofendido. Si alguien lo ofende, necesita pagar por eso, y pensamos: "Ella/él necesita dar la cara, reconocer su culpa, decir que lo lamenta, que está equivocado, y debe pedir perdón". Pero la mayoría de veces, esto no sucede, y entonces nos vemos tratando con el pecado de alguien más. Usted no ha hecho ningún mal. Fue la otra persona quien lo ofendió.

"No es necesario enseñar la falta de perdón y la desobediencia porque estas brotan de manera natural"

¿Qué hacer al respecto?

Yo tenía toda razón justificada para no perdonar cuando mi padre fue asesinado. Él fue a su oficina fuera de horas de trabajo a causa de un engaño por medio de una llamada telefónica de alguien que afirmaba ser de la patrulla de seguridad, alegando que una puerta había quedado abierta. Claro, él fue para allá inmediatamente. Cuando entró en el edificio, le dispararon en el corazón. Después de caer al suelo, le dispararon de nuevo, dos tiros en la cabeza.

Imagínese como me sentí cuando me llamaron a la escena. El impacto, el dolor, y la insensata violencia enfurecieron mi corazón con ira y venganza. Pienso que yo hice lo que cualquier hijo haría, sobre todo el hijo mayor, que soy yo: Abracé el cuerpo de mi padre, lo sostuve contra mi pecho, y juré diciendo: "Yo vengaré tu muerte y traeré a tu asesino a la justicia". Durante dos años me mantuve en ese voto de venganza, y nadie podía decirme que no era una causa justa.

El perdón no fue lo primero que me vino a la mente, pues eso hubiera estado totalmente fuera de lo natural; la ira, el odio, y un rango entero de emociones brotaron de mí sin incluso tomar una decisión consciente al respecto. Aunque mi reacción fue obviamente negativa, no la habría cambiado porque parecía ser la reacción apropiada a la situación. El perdón no fue algo que vino naturalmente, por el contrario, el perdón habría sido un "acto muy fuera de lo natural", es por eso que este libro se titula "El Acto No Natural del Perdón".

Cuando la investigación ganó terreno, se hizo aparente que el socio comercial de mi padre era el responsable de su muerte, para poder apoderarse del negocio. Esta noticia sólo agregó más combustible a mi ira ya que ahora tenía al perpetrador ante mis ojos. Mi venganza se encauzó primero a través del sistema judicial porque yo creí que él sería castigado diestramente si yo invertía mi energía para asegurarme que el caso fuera investigado en su totalidad. Pero no se lo declaró culpable, aunque yo estaba convencido de su culpa, al igual que cada detective del homicidio en el caso, y a pesar de las ciento treinta páginas de evidencia probatoria. Mi demanda por justicia no estaba satisfecha.

Al salir de la corte, el investigador principal del homicidio me llamó a un lado y me dijo:

–Jack, si alguna vez le dices a alguien que dije esto, lo voy a negar. La única manera de que haya justicia en este caso es si tú llevas al socio de tu padre al Condado Parker y lo matas con una escopeta.

Y le pregunté:

–¿Es en serio? ¿Por qué una escopeta?

Y él me respondió:

–Porque una escopeta no deja rastro.

Y luego le dije:

–¿Por qué el Condado Parker?

Él me respondió:

–Porque nunca han resuelto un homicidio ahí.

Me reí. Parecía extrañamente cómico, pero esa conversación sembró una semilla en un corazón que estaba lleno de odio, ira, y venganza. Esta era simplemente otra trampa; las trampas mantienen encadenado y atrapado por una promesa de satisfacción, si se busca la venganza.

Yo conseguí una licencia de detective privado para poder llevar un arma legalmente. Compré dos pistolas de nueve milímetros, de marca Smith & Wesson, y las portaba en dos sobaqueras de hombro. Las llevaba puestas todo el tiempo, excepto cuando iba a la iglesia; ¡era tan reverente que yo me quitaba mis armas antes de ir a la iglesia! Yo pensé que "hacer lo correcto" me convertía en una buena persona.

He compartido mi testimonio en iglesias por todo el mundo, y es increíble el número de veces que alguien se ha acercado y ha entregado un arma en el altar. Recuerdo la primera vez que compartí lo que Dios había hecho en mi vida; luego de terminar y sentarme se acercó un hombre y se arrodilló en el altar. Los ujieres se aproximaron a él y le preguntaron si necesitaba algo, a lo cual simplemente respondió: "Yo quiero lo que tiene aquel hombre".

Sobre el altar dejó un sobre lleno de dinero que sacó de su chaqueta, y también un arma que sacó de su bolsillo. Los ujieres estaban asombrados de lo que estaba sucediendo ante sus propios ojos, ¡y en la iglesia! Ellos lo abrazaron e inmediatamente lo escoltaron hacia la parte trasera de la plataforma, llevando el arma y el dinero.

Él les dijo que se encontraba en su décimo día de estar alcoholizado y de consumir drogas, y que ni siquiera sabía que era domingo; había visto un estacionamiento lleno y todas las personas dirigiéndose hacia una "gran cúpula" (la iglesia), así que preguntó a la persona que estaba ayudando con el estacionamiento hacia dónde iban todos, y aquel simplemente contestó: "Al interior de ese edificio". De modo que siguió a la multitud y se sentó en la última fila del auditorio, justo en el momento mismo que yo empecé a compartir sobre el asesinato de mi padre por un sicario.

Usualmente no comienzo contando mi historia de la forma que lo hice ese día, pero tomé un camino diferente y ni siquiera estaba seguro de por qué les dije a las personas que mis hermanos menores nunca tuvieron la oportunidad de conocer a su papá como yo la tuve. Este hombre empezó a recordar el acto que había realizado numerosas veces en su pasado; pues sí, ¡él había sido contratado para matar a alguien! Pero justo en ese día, por primera vez pensaba acerca de algo más que cumplir con su trabajo (el contrato). Este hombre les dijo a los ujieres que nunca antes había pensado acerca del impacto que sufre una familia una vez que él mata a una persona amada por ellos.

¡Asombroso! ¡Pero nuestro Dios es asombroso! Él atrajo a este sicario drogadicto a la iglesia que no tenía aspecto de iglesia, en el día preciso en el que escucharía el otro lado de la historia de sus asesinatos por contrato. Sorprendentemente, los testimonios que yo he presenciado son a menudo de un hombre o una mujer que estaba considerando hacer justicia con sus propias manos asesinando a su cónyuge. Cualquiera que fuese la razón, el sentimiento de justificación había sido plantado, y las raíces de odio eran profundas.

El socio de mi padre tuvo tres órdenes de restricción en mí contra, las mismas que estipulaban que me era prohibido acercarme a más de 137 metros de él, como también de su empresa y de su casa. Pero yo ignoré las órdenes, y en una ocasión lo seguí hasta un funeral en una iglesia y me senté justo detrás de él, me incliné hacia adelante y le susurré: "Tú y yo sabemos, pero nunca sabrás cuando va a suceder". Me es imposible decirle todas las cosas que le hice a este hombre en mi intento de venganza; pensé que si ejercía bastante presión sobre él, posiblemente desearía suicidarse. Pero mi pensamiento más satisfactorio consistía en imaginarme que lo despedazaba con mi escopeta. El poder de esas palabras sembradas en mi corazón se hizo más peligroso ya que mi dolor no encontraba alivio, y no comprendí que estaba causando mi propio sufrimiento al vivir en la trampa de la falta de perdón.

CAPÍTULO II

EL MODELO DE DIOS PARA EL PERDÓN

Cuando alguien le ofende a usted o a un ser amado, eso produce dolor. Pero no importa cuán grande o pequeña sea la crueldad, el perdón es la única manera de seguir avanzando en la vida, al igual que la única forma de restaurar una relación. Si usted intenta seguir avanzando sin perdonar, aún arrastrando el dolor y la desesperación, el daño sólo empeorará.

Con la caída del incidente sobre su cabeza, dominando sus emociones, usted se desfigurará permanentemente. El daño no se desvanecerá, y literalmente le afectará e infectará cada cosa que usted haga en la vida. Le causará desconfianza hacia los demás y evitará que cualquier persona se le acerque. La herida abierta lo impulsará a protegerse para no ser herido nuevamente.

La falta de perdón influencia sus decisiones en cada aspecto de su vida, por lo menos hasta que uno de ustedes (el ofensor o el ofendido) decida romper el círculo de reproche y culpa. Cuando una persona nos ofende, la respuesta natural es no querer estar cerca de ella nunca jamás. Algunas veces es más sencillo simplemente borrar cualquier conexión con ella para poder pretender que el problema ha sido eliminado.

El perdón es la única manera de restaurar las relaciones.

Dios no se siente de esa manera hacia nosotros. Cuando Adán y Eva pecaron, Dios podía haber eliminado la raza humana antes de que fuera más lejos, pero Él quería tener una relación con nosotros. ¡Dios quiere que estemos toda una eternidad con Él! Cuando el ser humano cayó en pecado en el Huerto del Edén, Dios comenzó a planificar el plan de redención, el mismo que requería enviar a Jesucristo, su Hijo unigénito, para morir por los pecados del mundo. Su Hijo perfecto, no hizo nada malo; en todo el tiempo que estuvo en el mundo, vivió una vida sin pecado. Su vida apuntaba hacia la apertura de una ventana de perdón en el Cielo por medio de la cual nosotros podríamos entrar; el modelo del perdón que demostró en la Tierra estaba basado en los principios que enseñó.

Jesús declaró que aquel que no ha ofendido debe acercarse a aquel que sí lo ha hecho y debe ofrecer el perdón. No es el ofensor, sino el ofendido, quien determina el desenlace por medio de sus decisiones; el ofendido es quien determina el futuro de la relación, y además es siempre quién determina si se concede o no el perdón.

El ofensor no establece si se otorga o concede el perdón ya que el perdón es siempre un obsequio.

El perdón es necesario cuando alguien lo ofende, o cuando alguien lo lastima, sin importar lo que haya hecho o dicho. La única manera de poder lidiar con esto y seguir adelante es a través del poder del perdón, de lo cual usted puede estar seguro ya que este es el modelo que Dios nos dio a través de Jesucristo. Si no hubiera sido preciso hacer algo luego de que Adán y Eva pecaron, entonces a Dios no le habría sido necesario enviar a Jesús a morir por nuestros pecados y redimirnos.

Si el perdón no iba a limpiar nuestras vidas por completo, entonces el sufrimiento y muerte de Jesús por nuestros pecados hubiera sido totalmente en vano e innecesario.

Pero nuestros pecados están perdonados y somos lavados con la sangre del Cordero; somos libres para tener comunión con Dios, así como completo acceso a su presencia y una relación con Él.

El modelo del perdón requiere que alguien muera. Jesús murió una vez por el pecado de toda la humanidad, estableciendo así el precedente para el perdón y el principio de libertad para que nosotros podamos vivir la vida en abundancia. Él quería que seamos libres de la culpa, de la condenación, y de la esclavitud de las ofensas de los demás. Es tal como lo dice Juan 3:16: "Porque de tal manera amó Dios al mundo, que ha dado a su Hijo unigénito, para que todo aquel que en él cree, no se pierda, mas tenga vida eterna".

El perdón, de la manera que Dios lo otorga, no es natural para nuestra mente natural. Somos negativos por naturaleza. Debemos nacer de nuevo para que podamos ser convertidos de lo negativo, el reino de las tinieblas, a lo positivo, el Reino de la luz. ¡Esto parece razonable!

De todas formas, ¿por qué necesitamos el perdón? ¿Qué de malo tiene el vivir con falta de perdón? Cuando yo buscaba castigar al asesino de mi padre, pensé que no perdonar era absolutamente normal bajo estas circunstancias, después de lo que hizo, la justicia demandaba que él pague por eso, y si la corte no hacía justicia, entonces alguien más tenía que hacerlo. Ya que yo le había prometido a mi padre que vengaría su muerte, no sólo era mi obligación y mi tarea, sino un fuego que corría a través de mis venas todos los días.

Esto no significa que yo había dejado de asistir a la iglesia, yo crecí en la iglesia. Mi esposa y yo enseñábamos en la clase dominical para adultos, éramos los consejeros de jóvenes principales. Mi rectitud exterior realmente sirvió como un cobertizo para esconder la amargura en mi corazón.

Pasé dos años persiguiendo implacablemente al asesino de mi padre; desde el inicio hasta el final del día, siete días a la semana, acampando fuera del departamento de policía, trabajando con tres turnos de detectives. Era incansable, y estaba conducido por esa misma venganza y enojo. Todo esto me emocionaba y alimentaba mi motivación de ver al asesino llevado a la justicia. Pero al comprender rápidamente que los sospechosos tienen muchos derechos, y que el sistema judicial hace muy poco por las víctimas, estaba listo para hacer justicia con mis propias manos. Mi furia continuaba alimentando mi mente con el plan de vengarme con la escopeta.

Tomé un descanso de todo esto para aceptar la invitación de un amigo a una reunión de avivamiento. Cuando me senté y escuché al predicador, comencé a darme cuenta de cuán perdido estaba, así como de la profundidad del enojo y odio que se habían arraigado tanto en mí. ¡Por primera vez yo escuché un verdadero mensaje de salvación!

Es interesante y perturbador a la vez, cómo uno puede sentarse en la iglesia durante años (e incluso ser un Anciano) sin nunca oír la verdad central del Evangelio. Pero ese día sí la escuche, fuerte y claramente. El Evangelista dijo: “No podrás entender cuán grande es el amor de Dios hasta que entiendas cuánto se te ha perdonado”. Esta declaración me cautivó. Después de una vida en la iglesia, pensando que iría al Cielo al morir, me di cuenta que necesitaba a Jesús como mi Salvador personal y Señor de mi vida.

El predicador continuó, y dijo: “Si hay aquí tan sólo un hombre en este día, que por primera vez en su vida entiende cuánto Dios lo ama por causa de todo lo que le ha sido perdonado, entonces yo quiero orar por él para afirmar estas cosas en su vida”. Yo avancé hacia adelante y caí sobre mis rodillas; clamé a Dios y le pedí perdón, me arrepentí de mis pecados y acepté a Jesús como mi Salvador personal. Por

El perdón, de la manera que Dios lo otorga, no es natural para nuestra mente natural.

primera vez en mi vida supe que lo recibía verdaderamente como mi Salvador. ¡Qué momento!

Cuando me puse de pie, sucedió algo increíble e instantáneamente supe que Dios había hecho algo en mi corazón. ¡Todo el odio, ira y venganza se habían ido! ¡Sí, Él es digno de toda alabanza, por supuesto!

¡Explíqueme esto! ¡Explíquelo! ¿Cómo hace Dios para eliminar instantáneamente el odio, el enojo, la amargura, la herida, y el dolor? ¿Existe acaso un interruptor para hacerlo? ¿Hay algo que Él solamente toma, hace clic y todo desaparece? Yo no lo sé, pero esto es lo que sí sé: ¡Yo sé, que sólo sé, que únicamente sé, que Dios cambió mi vida! ¡Él cambió mi corazón! Todas las cosas viejas pasaron y todas las cosas se hicieron nuevas en un instante. Yo ya no tenía más venganza en mi corazón, era casi increíble.

Yo estaba abrumado de gozo y volví a mi asiento para estar con mi amigo que estaba llorando y regocijándose conmigo.

Nos abrazamos y lloramos mientras le decía:

–¡Dios cambió mi vida!

Él dijo:

–¡Lo sé!

Yo insistí:

–¡No, tú no entiendes! Dios se llevó cada pedazo de ira, cada pedazo de venganza de mi corazón. ¡Se fue! ¡Ya no tengo más deseo de perseguir el caso de mi padre!

Yo fui a mi casa y le dije a Betty, mi esposa:

–¡Dios cambió mi vida!

Ella me dijo:

–¡Lo sé! Te ves completamente diferente. ¡Todo tu semblante ha cambiado!

Finalmente conocí el poder del perdón de Dios.

CAPÍTULO III

LA VERDAD ACERCA DEL PERDÓN

Poco tiempo después de haber rendido mi vida a Dios, de que Él tocara mi corazón y sacara mi venganza y dolor, uno de mis amigos me invitó a una reunión de hombres en la que el predicador fue el Dr. Edwin Louis Cole. Como resultado, su mensaje me mostró que el Señor no había terminado con el asunto del perdón en mi vida.

El Dr. Cole cautivó mi atención al decir que, cuando Jesús caminó en la tierra después de su resurrección, pero antes de su ascensión, Él les habló a Sus discípulos acerca del perdón:

"*Y habiendo dicho esto, sopló, y les*

dijo: Recibid el Espíritu Santo. A quienes remitiereis los pecados, les son remitidos; y a quienes se los retuviereis, les son retenidos". (Juan 20:22-23)

"A quienes" significa "a alguien más". Él dijo: "A quienes les remitan sus pecados". ¿Del pecado de quién está hablando aquí? ¿Se refiere al pecado de los discípulos? No, Él está diciendo que a quienes hayan pecado, usted tiene que remitirlos, esto es, a quienes pecan contra usted. Remitir significa liberar, y liberar significa perdonar. Cuando alguien peca en su contra, aquel será remitido si usted lo remite, libera o perdona; es decir, será liberado y perdonado. Pero quienes pecan y usted los retiene, serán retenidos. ¿Qué significa ser retenido? Significa que usted lo encadena, que ahora es suyo, y que lo lleva a donde quiera que vaya; a su casa, a su cama, al levantarse, al trabajo, a la iglesia, y regresa con ello a casa después de ir a la iglesia, hasta que lo libera. Es una decisión.

El pecado pasa de una generación a otra a través de la falta de perdón.

Usted lo retiene hasta que lo libera. ¿Y cómo lo libera? Perdonando.

Cuando escuché a Ed Cole enseñando acerca de lo que él llama "Principio de Liberación", su mensaje poderoso y esencial impactó mi vida. ¡Me cambió completamente! Luego llegué a entender cuán importante es este principio en la vida de cada cristiano, pues de una u otra manera, cada uno de nosotros tenemos problemas de falta de perdón.

Cuando Jesús dijo: "*Recibid el Espíritu Santo*", Él estaba demostrando que no tenemos el poder para perdonar de la manera que Dios lo hace a menos que tengamos el poder del Espíritu Santo. Hasta este punto, yo todavía tenía que asir la idea de remitir los pecados, la liberación que me traería verdadera libertad, y entendí finalmente que de mí dependía perdonar y olvidar.

Liberar y perdonar son acciones para beneficio propio; cuando se las realiza, no sólo se perdona al ofensor por el mal que haya hecho, y tanto aquel como su pecado dejan de ser parte de nuestra vida. ¡Es su decisión! Pero si a quienes pecan los retiene, estos son retenidos. Usted continúa llevándolos en su vida si es que no los perdona o los libera. Permanecen con usted por la falta de perdón.

Esta fue una gran lección en mi propia vida ya que "el perdón abre, mientras que la falta de perdón cierra". El perdón abre el corazón; el perdón abre las relaciones y permite que estas avancen y continúen. Pero cuando no se ha perdonado a alguien, no se desea estar alrededor de esa persona, se la evita, se evita el contacto visual, y se busca no encontrarse con ella.

La falta de perdón cierra la puerta a la posibilidad de restaurar la relación. Jesús nunca se mantuvo sin perdonar. Cuando caminamos en la falta de perdón, nos consideramos mejores que Dios; cuando caminamos en la falta de perdón, exaltamos nuestro ser por encima de Dios. Cuando escuché a Ed Cole hacer esta afirmación, yo estaba abrumado y aterrado porque de ninguna manera deseaba que Dios piense que yo quería exaltarme más que Él.

¿Cómo podía intencionalmente pensar que yo era mejor que Dios?

Con el peso de estos pensamientos, me deslicé de mi asiento, me puse de rodillas, giré de frente hacia el asiento, y puse la cara sobre el cojín. Yo clamé a Dios por misericordia, diciéndole: "¡Oh Dios, perdóname! ¡Yo no sabía esto! ¡Me arrepiento! ¡Por favor perdóname!" Entonces, la calma y la paz se apoderaron de mí. Me levanté y volví a mi asiento, mientras el servicio continuaba.

El Dr. Cole estaba diciendo que si no vivimos bajo el principio de liberación de Dios, entonces terminaremos cometiendo los mismos pecados que se cometieron contra nosotros. Él usó el ejemplo de las muchas veces que juramos mientras estamos creciendo, que no seremos iguales a nuestro padre o nuestra madre, especialmente si fueron alcohólicos, si lo abusaban físicamente, o si tenían un mal temperamento. Cada vez que nuestros padres hacían cosas que no eran de nuestro agrado, decíamos: "Cuando me case y tenga hijos, no les voy a hacer a ellos estas cosas". Luego nos casamos, tenemos hijos y nos encontramos haciendo exactamente lo mismo que juramos que nunca haríamos. El Dr. Cole destacó que el pecado no pasa de una generación a otra a través de medios hereditarios; el pecado no es hereditario en el sentido natural, sino que pasa de una generación a otra a través de la falta de perdón. Cuando no perdonamos, retenemos. No hay diferencia entre cuán pequeña o cuán grande sea la ofensa, seguiremos llevándola si es que no la liberamos.

De repente me di cuenta que había retenido el pecado del asesinato en mi vida a través de la falta de perdón. Nunca había deseado asesinar a nadie, pero por causa de la falta de perdón, había retenido el pecado cometido en contra de mi persona y de mi familia, y por eso yo quise asesinar a alguien al no recibir la justicia que sentía que merecía. ¡Estaba pasmado con esta revelación! Vi la gracia en 1 Juan 1:9 "*Si confesamos nuestros pecados, él es fiel y justo para perdonar nuestros*

Cuando finalmente admitimos delante de Dios que no podemos hacerlo, es ahí cuando su Gracia se convierte en la mayor fortaleza de nuestra vida.

pecados, y limpiarnos de toda maldad".

Supe que Dios deseaba limpiarme de las injusticias que yo había hecho, así como de las que se me habían hecho.

Estaba listo para arrodillarme de nuevo cuando el Dr. Cole se detuvo y dijo: "Si hay alguien a quien Dios le está mostrando que necesita perdonar, que quizás lo ha intentado pero no ha podido hacerlo; si ha estado en el altar cientos de veces pero el dolor, la herida, la culpa, y todo lo demás sigue allí, yo deseo orar por ti. Sal de tu asiento y ven al altar. Quiero guiarte en una oración de arrepentimiento y perdón para que puedas sacar ese pecado de tu vida".

Yo sabía que nunca había lidiado realmente con el perdón cuando le entregué mi corazón a Cristo y que necesitaba hacerlo Señor de cada parte de mi vida, entonces salí de mi asiento y me dirigí al altar para orar por eso. Fui el primero en llegar al altar, quería estar totalmente limpio del pecado que se había cometido en mi contra y de mi familia, el acto injusto del asesinato.

El hermano Cole se acercó al final de la fila donde yo estaba y comenzó a orar por cada uno de nosotros, luego nos guió en una oración de confesión del acto injusto que se nos había hecho. Perdonamos a la persona que nos hirió, que nos hizo daño, y que nunca aceptó su culpa. Perdonamos a aquellos que ni siquiera dijeron "lo siento", y que menos aún se acercaron y arrepintieron de lo que habían hecho, nos liberamos de ese pecado en nuestra vida y los perdonamos. Sacamos ese pecado de nuestra vida al confesarlo, y luego hicimos confesiones en la justicia de Jesucristo; de la manera que Cristo sustituyó su justicia por nuestros pecados en el Calvario, para que podamos sustituir nuestros pecados por su justicia, cambiamos los pecados injustos que se habían cometido en nuestra contra por la justicia de Jesucristo. Una vez más, la sobreabundante paz de Dios llenó mi corazón. Estaba allí deleitándome en su presencia mientras Él me sostenía en sus brazos. Hubo mucho quebrantamiento, perdón y liberación en cada persona que se acercó al altar. La reunión terminó con más o menos doscientos cincuenta hombres que necesitaban oración para poder perdonar a alguien a quien no les había sido posible perdonar.

Estaba a punto de darme la vuelta y regresar a mi asiento cuando de repente escuché una voz que me decía: "Ahora, ve donde el socio de tu padre y pídele que te perdone".

Me quedé en silencio; estaba tratando de procesar lo que pensé que acababa de escuchar, así que le repetí a Dios lo que pensé que Él me había dicho. Dije:

–Bien Dios, ¿quieres que vaya donde él y le diga que "yo lo perdono a él"?

Él dijo:

–No. Tú eres el que tiene el asesinato en el corazón. Acércate a él y pídele que te perdone.

Yo no podía creerlo y estaba totalmente abrumado. Le dije:

–Dios, tú no entiendes. No hay forma en la tierra de que yo pueda hacer eso. Lo que me estás pidiendo que haga es algo humanamente imposible. ¡Lo siento! De ninguna manera podría hacerlo. ¡No puedo!

Inmediatamente Él me respondió:

–¡Bien! Mi gracia será suficiente.

En realidad no tenía idea de lo que eso significaba. Regresé a mi asiento y mi amigo me preguntó:

–¿Estás bien?

Le dije:

–¡No!

Él se asombró y preguntó por qué. Le expliqué lo que Dios me había pedido que haga, y que yo le había respondido diciendo que no lo podía hacer, y que Él había dicho que eso era bueno porque su gracia sería suficiente. Le admití a mi amigo que no tenía idea de lo que eso significaba.

Mi amigo me dijo:

–Ah, eso es sencillo. El momento que tú y yo finalmente admitamos que no podemos obedecerle por voluntad propia, Dios será más fuerte que nosotros.

Nada tenemos para ofrecer a los demás excepto por la gracia provista para nosotros a través de Jesucristo.

Mientras sigamos intentando con toda nuestra mente, fuerza y poder, seremos simplemente nosotros quienes lo intentamos. Tenemos que llegar al punto en el que en realidad nos damos cuenta que sencillamente no podemos hacerlo sin la ayuda de Dios, y estar dispuestos a confesárselo; entonces, y sólo entonces, la gracia de Dios puede llegar a ser la fortaleza más grande en nuestras vidas. Cuando finalmente nos damos cuenta de nuestras debilidades, nuestra incapacidad para luchar, nuestra fragilidad, y nuestra manera carnal de hacer las cosas a nuestro modo, es ahí cuando la gracia de Dios puede ser más fuerte.

Yo entendí la lógica de lo que él estaba diciendo, pero también comprendí que necesitaba la fuerza de Dios para vencer mi gran debilidad. Entonces miré a mi amigo a

los ojos y le dije:

–¡Si esto va a ocurrir en mi vida, Dios va a tener que hacerlo!

CAPÍTULO IV

HAY QUE MORIR PARA PODER PERDONAR

Para perdonar de la manera que Dios lo hace, es necesario morir.

Tienes que morir...
A ti mismo.
Tienes que morir...
Al deseo de castigo para el ofensor.
Tienes que morir...
A la búsqueda de venganza.
Tienes que morir...
A la exigencia de una disculpa.
Tienes que morir...
A la demanda de justicia.

Tienes que morir...
Al rechazo a perdonar.
Tienes que morir...
Al dolor y la pena.
Tienes que morir...
A mantenerte firme en la ofensa.
Tienes que morir...
Al odio y la ira.
Tienes que morir...
Al deseo de pagar con la misma moneda.
Tienes que morir...
Para que Cristo pueda vivir en ti, y a través de ti.

Eso es lo que hizo Jesús mientras permanecía sobre la cruz por nuestros pecados; murió a cada emoción y a cada pensamiento de querer preservar su vida, y en lugar de eso soportó más dolor del que alguna vez podríamos comprender, con el fin de comprar el perdón para nosotros con su propia muerte. La buena noticia es que la promesa de resurrección siempre precede a cada muerte en Cristo.

Estuve recientemente ministrando acerca del perdón en una prisión en Estonia. Al terminar un hombre se me acercó y me dijo:

–Quiero matar a un guardia que es malo conmigo, y a todos los que están aquí. Yo sé que usted entiende lo que se siente cuando se desea matar a alguien.

Por supuesto que yo entendía su sufrimiento, pero no era empatía lo que él necesitaba, sino la verdad. Hice una pausa por un momento, mientras me preguntaba a mí mismo cómo contestarle.

Hasta ahora, lo que Dios define como "bueno" excede cualquier cosa que podamos esperar, imaginar o soñar.

Entonces le dije:

–Lo que yo no entiendo es que cuando Jesús estaba sobre la cruz y lo estaban matando, Él ni siquiera tuvo ningún pensamiento o deseo de matar o asesinar a alguno de ellos. ¡Eso es lo que yo no entiendo! Incluso dijo: "Padre, perdónalos porque no saben lo que hacen". Solamente por medio del poder de Dios podemos entender esta medida de gracia, y únicamente a través de esa habilidad sobrenatural de recibir la misericordia de Dios podremos extender esa misma misericordia a los demás. Jesús hizo el sacrificio final, y nosotros simplemente seguimos su ejemplo.

En Lucas 6:27-38 Jesús le dice a sus discípulos: "*Pero a vosotros los que oís, os digo: Amad a vuestros enemigos, haced bien a los que os aborrecen; bendecid a los que os maldicen, y orad por los que os calumnian. Al que te hiera en una mejilla, preséntale también la otra; y al que te quite la capa, ni aun la túnica le niegues. A cualquiera que te pida, dale; y al que tome lo que es tuyo, no pidas que te lo devuelva. Y como queréis que hagan los hombres con vosotros, así también haced vosotros con ellos.*

Porque si amáis a los que os aman, ¿qué mérito tenéis? Porque también los pecadores aman a los que los aman. Y si hacéis bien a los que os hacen bien, ¿qué mérito tenéis? Porque también los pecadores hacen lo mismo. Y si prestáis a aquellos de quienes esperáis recibir, ¿qué mérito tenéis? Porque también los pecadores prestan a los pecadores, para recibir otro tanto. Amad, pues, a vuestros enemigos, y haced bien, y prestad, no esperando de ello nada; y será vuestro galardón grande, y seréis hijos del Altísimo;

porque él es benigno para con los ingratos y malos. Sed, pues, misericordiosos, como también vuestro Padre es misericordioso.

No juzguéis, y no seréis juzgados; no condenéis, y no seréis condenados; perdonad, y seréis perdonados. Dad, y se os dará; medida buena, apretada, remecida y rebosando darán en vuestro regazo; porque con la misma medida con que medís, os volverán a medir".

¡Impresionante! Yo creo que muchos de nosotros no estamos acostumbrados a leer el verso 38 en su contexto. Todo lo que escuché en la iglesia fue Lucas 6:38 como una promesa de retribución por la inversión al ofrendar; es decir, si es que yo daba una ofrenda, se me devolvería en forma "apretada, remecida y rebosando". ¡Cielos! ¿Se da cuenta usted que Jesús no menciona nada en este verso acerca del dinero? Este es un principio del Reino, por lo tanto se aplica al dinero, pero de lo que Él realmente está hablando en este pasaje es del perdón. Está enseñando acerca del juicio y la misericordia.

Jesús estaba diciendo que si no mostramos

Dad y se os dará. Jesús se estaba refiriendo al perdón.

misericordia, si caminamos en la falta de perdón, si emitimos juicios, recibiremos estas cosas, ya que esto es lo que estamos dando. Lo cierto es que cosecharemos lo que hayamos sembrado de manera "apretada, remecida y rebosando". Las personas serán inmisericordes, sentenciosas, y rencorosas hacia nosotros en la medida en la que lo hemos sido con los demás. Éstos son principios del Reino que obran en su vida para su beneficio o para su perjuicio, dependiendo de si usted está o no perdonando.

Yo creo que en este día debemos elegir qué queremos sembrar y cosechar. Escojamos la misericordia, el perdón, la vida, y la vida en abundancia. (Vea Juan 10:10)

CAPÍTULO V

PERDONAR ES DAR

Perdonar es "dar"; es algo que debe entregarse. No se lo puede obtener si es que no se está dispuesto a entregarlo.

¡Es un obsequio!

En Lucas 17:1, Jesús una vez más les está hablando a sus discípulos: "*Imposible es que no vengan tropiezos; mas ¡ay de aquel por quien vienen!*".

Entonces no debemos sorprendernos cuando las personas nos ofenden, nos lastiman, hablan mal de nosotros, y nos hacen daño; no podemos evitar que lo hagan. Es casi como si Él estuviera diciendo: "Que alguien te lastime no es gran cosa; eso va a suceder, en otras palabras, es inevitable, así que supéralo". La manera en que reacciones sí es tu decisión.

Luego, en Lucas 17:3 Jesús sigue hablando y dice: "*Mirad por vosotros mismos. Si tu hermano pecare contra ti, repréndele; y si se arrepintiere, perdónale*".

Me encanta la escapatoria que hallo en ese verso, pues dice: "*...y si se arrepiente, perdónale*". Entonces, mi traducción del Rey Jack, lo traduce así: "Si él no se arrepiente, no tengo que perdonarlo". El único problema en la traducción de la versión Reina Valera es lo que Jesús dice en el verso 4: "*Y si siete veces al día pecare contra ti, y siete veces al día volviere a ti, diciendo: Me arrepiento; perdónale*".

Aquí encontramos el verbo "perdonar" en modo imperativo: "Perdónale". ¡Eso cambia todo! Pues se trata de un mandamiento. "No matarás, no robarás"; estos son mandamientos. ¿Qué pasa entonces con mi escapatoria del "si" en "si se arrepiente"? Ahora dice que si él comete la misma ofensa siete veces en el día, pero se acerca diciendo: "*Me arrepiento*", hay que perdonarlo. Yo no sé usted, pero si alguien me ofende, o hace algo en mi contra o en contra de mi familia, y me acerco a esa persona de acuerdo a Lucas 17:3 y le digo:

–Mire, usted causó este problema; hizo esto, dijo aquello, y todo eso está mal.

Y aquel dice:

–Lo lamento mucho, ¿podría perdonarme?

Yo diría:

–Sí, lo perdono.

¿Pero hacer lo mismo, siete veces, en el mismo día? Vamos a poner esto más claro; la segunda vez que aquel peca en su contra se acerca a usted diciéndole:

–Lo siento, me arrepiento. El diablo en realidad se entrometió en esto. No entiendo por qué lo hice. ¿Me perdonarías?

Y usted le dice:

–¡Bien, claro! Sí te perdono.

Luego lo hace nuevamente, ¡la misma cosa! (Por tercera vez):

–Me arrepiento. Jack, lo siento mucho. ¿Me perdonarías?

–Ah, ...claro. ¿Lo mismo? ¿Lo hiciste de nuevo? Ah... bien, te perdono.

Y luego hace lo mismo por cuarta vez, el mismo día, y se acerca a usted diciendo:

–Lo siento, me arrepiento, ¿me

perdonarías?

Al instante, por quinta vez hace lo mismo en su contra y se acerca a usted diciendo:

–Lo lamento, me arrepiento, por favor perdóname.

Después una sexta vez y la séptima vez ¡en el mismo día! ¡Yo no creo que esta persona conozca la diferencia entre arrepentirse y mentir! Quiero decir, ¿acaso el arrepentimiento no significa un cambio, un giro de 180°, dejar de hacer lo que estaba haciendo, dejar de hacer lo malo, ir por el camino correcto? Parece ridículo pensar que alguien le hará daño una y otra vez en el mismo día. Entonces, ¿por qué Jesús usaría esta ilustración?

Quizás lo que Él quiere enfatizar y traer a nuestra atención no es la ofensa, pues Él ya dijo que las ofensas se van a dar. Lo que veo es que Jesús está apuntando hacia la responsabilidad que tiene el ofendido con respecto a la forma en que manejará la situación. En otras palabras, ¿qué pasaría si alguien realmente continúa lastimándolo una y otra, y otra, y otra, y otra, y otra, y otra, y otra vez?

"¡Ay de aquel por quien vengan las ofensas!", es lo que Jesús dijo. ¿Pero qué hará usted al respecto? ¿Cómo lo va a manejar? ¿Realmente lo perdonó la primera vez? Una de las maneras de darse cuenta si usted lo hizo, es observando su reacción en caso de que el ofensor lo vuelva a ofender.

Perdonar es un mandamiento. Jesús dijo: "Perdónale"

Yo creo que la respuesta de los discípulos en el verso 5 lo resume todo para nosotros. Ellos le dijeron estas palabras a Jesús: "*Auméntanos la fe*". ¿Por qué habrán dicho eso? ¿Por qué necesitamos fe para perdonar? Verdaderamente creo que ellos estaban diciendo: "¡Vamos, Jesús. Lo que nos estás pidiendo que hagamos es humanamente imposible! El perdón del que estás hablando es imposible sin una fe mayor de la que usualmente tenemos para perdonar".

Aparentemente los discípulos estaban diciendo que no podían perdonar sin fe; tampoco nosotros podemos, para hacerlo requerimos fe mucho mayor de la que tenemos.

Hebreos 11:1 dice: "*Es, pues, la fe la certeza de lo que se espera, la convicción de lo que no se ve*". Cuando usted perdona a alguien, ¿qué es lo que espera? Probablemente espera que el problema no continúe dominando su vida, día tras día; usted espera poder seguir adelante. Usted tiene la esperanza de que el dolor, el odio y la aflicción no regresen con el recuerdo de lo que se le dijo o se le hizo.

En verdad, la falta de perdón destruye su esperanza.

"Es, pues, la fe la certeza de lo que se espera…"

Se puede perder la esperanza…

Se puede perder la fe…

Se pierde la fe en los demás y en Dios cuando no se perdona a un ofensor.

Se necesita fe para restaurar su esperanza, porque la fe es la "certeza" de lo que se espera… Por lo tanto, para perdonar se requiere de fe.

La fe es creer que algo que no se puede ver llegará a suceder; pero es mucho más fácil creer en algo cuando se lo puede ver, es por eso que es muy difícil creer cuando lo que vemos no concuerda con la fe, o con aquello por lo cual se está esperando en Dios.

En Lucas 17:5 vemos que los discípulos le dijeron una vez más a Jesús: "Auméntanos la fe", justamente por esta razón.

A causa del perdón excesivo que se podría requerir en un sólo día, a los discípulos se les hizo difícil creer que este "arrepentido" constante en verdad era sincero en su arrepentimiento. El mundo dice: "Un hecho vale más que mil palabras. ¿Hola? No puedo entender o creer lo que tú me estás diciendo ya que tus acciones contradicen totalmente tus palabras".

De lo que sí somos culpables es de basar nuestro perdón en el hecho de ver, o no ver,

alguna diferencia en las acciones o vida del ofensor. Pero Jesús no habló de eso cuando les encomendó a sus discípulos que perdonen, Él dijo simplemente: "¡Perdónale!"

CAPÍTULO VI

EL PODER DEL PERDÓN

Después de aquel poderoso mover de Dios en mi vida, y de sorprenderme con la imposible tarea de pedirle perdón a mi peor enemigo por el pecado de querer asesinarlo, esperé para ver qué era lo que Dios iba a hacer a continuación. No pasó mucho tiempo después del servicio esencial al cual yo había asistido, cuando Dios me habló una mañana mientras mi esposa y yo estábamos orando con nuestros hijos. Estaba a punto de terminar nuestro tiempo de oración cuando escuché una voz que me dijo: "Ora por Barry". Yo sabía que era Dios, pero traté de ignorarlo y actuar como si no lo hubiera escuchado.

Una vez más, de manera insistente e indudable, escuché: "Ora por Barry". Yo fijé mi mandíbula y entre dientes rechinando dije: "Bendice a Barry". En realidad no lo dije con sinceridad en lo absoluto, pero esperé que quizás Dios piense que así era para librarme de la responsabilidad. A la mañana siguiente estábamos dando vueltas de nuevo en el mismo círculo; después de la oración de Betty, yo estaba tratando de llegar rápidamente a la parte de "en el nombre de Jesús" para terminar, pero ahí estaba de nuevo: "¡Ora por Barry!". Cada mañana durante nueve meses escuchaba: "Ora por Barry". Nunca dejó de sonar, y jamás sentí acuerdo con mis propias oraciones. Definitivamente necesitaba más fe si Dios me iba a tener orando por el hombre que mató a mi padre.

En una ocasión escuché al Pastor Lafayette Scales decir: "Mi mayor fortaleza es la gracia que me ha sido ofrecida a través de Jesucristo, y nada tengo para ofrecer a los demás excepto por esta gracia que me ha sido provista a través de Él. No hay nada mejor que pueda hacer que reconocer la gracia proporcionada por medio de Cristo

Jesús".

Esto me hizo pensar cuán a menudo he hecho cosas en mi vida estrictamente a través de mi propia fuerza, mi propia mente, mi propio poder, sin siquiera invitar, mucho menos permitir, que la gracia redentora del Señor me guíe en medio de alguna circunstancia. Era tiempo de permitirle a Él demostrar su poder, su fortaleza, su amor incondicional, su misericordia, su perdón, y su gracia. Era tiempo para que Dios sea suficiente en mi debilidad y muestre su poder.

Esas mañanas de oraciones sin sentido que salían de mi cabeza, y no de mi corazón, eran momentos en los que yo necesitaba sentir su presencia, su poder y su gracia. Aprendí que la obediencia es mejor que el sacrificio; yo estaba orando sólo por obediencia.

Estaba haciendo lo que yo llamo "oraciones tortilla".

Cuando usted era niño, ¿vio alguna vez esos dibujos animados donde algún personaje estaba cocinando una tortilla y la lanzaba al aire? ¡Inevitablemente se quedaba pegada en el techo! Yo tenía la esperanza de que una de mis oraciones subiera lo suficientemente alto para quedarse pegada en el techo, para que Dios se impresione de mi intención. Pero eso nunca sucedió, hasta que una mañana, luego de unos cuantos meses de frustrantes "oraciones tortilla", cuando mi familia se tomó de las manos para orar, de repente comencé a temblar en el temor de Dios. Me di cuenta que esa oración era diferente ya que salía de mi corazón y no sólo de mi mente. Yo dije: "Oh Dios, no me hagas esto a mí", porque de alguna manera sabía que la sangre de la vida de Barry estaría en mis manos si no compartía el Evangelio con él. Ese pensamiento realmente me asustó.

Tenía temor de descubrir lo que Dios estaba haciendo. Algo que sabía en ese entonces es que "la oración produce intimidad". La oración produce intimidad con la persona con la que usted ora (es por eso que debemos orar con nuestro cónyuge), con la persona a quién ora (Dios), y con la persona por la que usted ora. Es por

Tomar la cruz es decir: "Padre, que no se haga mi voluntad, sino la tuya".

eso que la Palabra nos manda que oremos por nuestros enemigos; la oración produce un lazo espiritual íntimo con la persona por la que usted ora. Cada mañana, día tras día, mientras oraba por este hombre en obediencia a Dios, algo estaba sucediendo en mi corazón.

Poco tiempo después de esta experiencia, un sábado a las nueve en punto de la noche, mi esposa me pidió que fuera a comprar carne molida. Estaba refunfuñando por eso, pero como había leído el libro "Hombría al Máximo", entonces lo hice. (Si usted aún no lo ha leído, le recomiendo que lo haga.) ¡Gracias a Dios que los pasos del hombre justo son ordenados! Resultó que esa noche tuve que pasar por la intersección que está junto al negocio de mi padre, el cual ahora le pertenecía en su totalidad a su socio.

Cuando llegué a esa intersección, estaba totalmente bloqueada y obstruida con una barricada de autobombas por causa de un incendio de siete alarmas. Levanté la mirada y vi ambos edificios de la empresa en llamas, y honestamente, las primeras palabras de mi boca fueron: "¡Sí! ¡Él obtuvo lo que se merecía!" Pude haber estado sentado en la intersección de la Calle Principal y la Cuarta, pero la verdad era que estaba en el cruce de las calles "obediencia y rebelión".

Santiago 4:17 dice que cuando sabes hacer lo bueno y no lo haces, te es contado por pecado. ¡Es así de sencillo! Esta era una decisión entre la obediencia y la rebelión. Es la misma decisión que Jesús tuvo que tomar en el huerto de Getsemaní, ¿la voluntad de quién se iba a hacer? Fue entonces cuando Él tomó su cruz. Él escogió tomar la cruz, él la cargó incluso antes de ser clavado a ella. Él cargó el peso de la cruz cuando dijo: "Padre mío, si es posible, pase de mí esta copa; pero no sea como yo quiero, sino como tú quieras".

Usted se sienta en medio de esa intersección cada mañana; se enfrenta con la decisión de tomar o no su cruz cada día de su vida. Jesús dijo: "Toma tu cruz y sígueme". Cada uno de nosotros tiene su propia cruz. Nuestra cruz es igual a su cruz. Tenemos que seguir Su ejemplo. su cruz fue hacer la voluntad de Dios a expensas de su propio ser, Él entregó su vida. Eso es lo que enfrentamos cada mañana. ¿La voluntad de quién se va a hacer? Es así de fácil.

Al ver lo que estaba sucediendo en esa intersección, me alejé y conduje hacia el supermercado para comprar la carne molida. (No importa cuán grandioso sea este testimonio, tenía que regresar a mi casa con la carne molida, porque en cuanto entraba por la puerta, ella estaba obligada a decir: "¿Dónde está la carne?")

Luego de ello, conduje hasta la oficina de mi padre y me estacioné en la parte de atrás, en el mismo lugar que me estacioné la noche que lo encontré asesinado. Caminé por el callejón fuera de la acera, y Barry estaba allí parado solo. Los bomberos ya habían controlado el fuego en parte, pero él estaba observando mientras aún continuaba el incendio.

Le pregunté como se originó el incendio, pero él dijo que no lo sabía. Pero luego se volteó para verme, y al hacerlo, se tropezó hacia atrás por el temor. Se puso pálido y estaba a punto de desmayarse. Instintivamente lo sostuve y puse mis brazos alrededor de él y le dije:

– Dios cambió mi vida, y he venido esta noche a pedirte si puedes encontrar dentro de tu corazón el perdón para mí por haberte acusado de ser el responsable del asesinato de mi padre.

Inmediatamente él respondió:

–Ah, no tienes que hacerlo.

Le dije:

–Sí necesito hacerlo Barry, porque yo quería verte muerto.

Le confesé ciertas cosas que hice para hacer que su vida se vuelva miserable, incluyendo un intento de matarlo cierta noche, atropellándolo.

Continúe diciendo:

–Estaba lleno de odio, de ira, y de venganza. Barry, tengo que saberlo, ¿me puedes perdonar?

Y él dijo:

–¡Seguro!

Los eventos que se dieron esa noche parecen tan suaves y fáciles, como que Dios estaba en control. Él me puso en el lugar correcto, en el momento adecuado. Pero mi mente era un campo de batalla.

Los dardos ardientes del maligno me habían

Y al que sabe hacer lo bueno, y no lo hace, le es pecado. Esto incluye el perdón.

golpeado durante años, y muchos de ellos habían sido golpes directos. Si él logra conseguir que uno tome uno de esos dardos simplemente, que lo pueda sostener firmemente, y que pueda meditar en él, puede crear una fortaleza de odio y enojo en su corazón. Eso es lo que sucedió conmigo. La furia era tan profunda que fue necesaria la intervención de Dios en maneras poderosas para cambiar mi vida. Incluso después de haber tomado la decisión de obedecerle a Dios, no tenía la menor idea de lo que iba a decirle a Barry. Usted sabe, cuando se está preparando para ir a una reunión con alguien, ¿planea la conversación en su mente? Bien, yo diré esto y luego él dirá aquello, y después yo... Lo que quiero decir es que yo intenté e intenté. ¿Qué le podía decir a este hombre? Llamarlo al teléfono y decirle: "Hola Barry, ¿quieres almorzar conmigo?" Eso me parecía totalmente ridículo.

La última vez que vi a Barry fue cuando lo seguí hasta aquel funeral. Mis amenazas lo habían hecho sentir tan mal de su estómago, que corrió al baño de hombres y vomitó. Yo lo seguí como si fuera un amigo que se preocupó, y ahí estaba él de rodillas en el compartimiento del baño. Abrí mi abrigo y le mostré mis pistolas Smith & Wesson de nueve milímetros, y como mencioné anteriormente, le dije: "Tú y yo sabemos, pero nunca sabrás cuando va a suceder". Y me fui. Esa fue la última vez que me vio hasta la noche que nos encontramos frente a la empresa, la cual estaba totalmente envuelta en llamas. Luego Barry me contó que el había pensado que yo provoqué el incendio y que había regresado para acabar con su vida.

Después de su tan calmada respuesta al decir "¡Seguro!", cuando le pedí que me perdone, estoy convencido que mi rostro mostró mi reacción. Yo pensé: "Tú impertinente, tal y tal". No lo dije pero lo pensé, pero fue algo momentáneo ya que Dios había estado llenando mi corazón con humildad y perdón. ¡Y gracias a Dios que de la abundancia del corazón habla la boca!

Cuando usted enfrenta una tragedia, o una crisis, o una tentación, y no tiene la

Palabra en su corazón, es como enfermarse y no tener un seguro de salud. ¡Entonces es demasiado tarde! En realidad uno nunca toma decisiones sin pensarlo, aunque quizás se piense que así es, pero en verdad la decisión que se toma está basada en lo que se tiene en el corazón.

El momento que Barry dijo "¡Seguro!", mi mente enloqueció pensando: "¡Cómo te atreves a ser tan frívolo sabiendo que tú fuiste el asesino!". Pero por la abundancia que estaba en mi "corazón", mi boca dijo:

–Entonces déjame hacerte una pregunta: si tú mueres esta noche, ¿sabes a dónde irás?

Cuando esas palabras salieron de mi boca, supe por primera vez en mi vida que no era yo quien vivía, sino que era Cristo en mí.

Usted y yo podemos pasar todo nuestro caminar cristiano tratando de vivir una vida cristiana, pero no lo podemos hacer ya que sólo Cristo en nosotros puede vivirla. Alguien

tiene que morir, y Él ya lo hizo, así que ahora es tu turno. Para que Él viva en ti, tú debes morir diariamente.

CAPÍTULO VII

EL PERDÓN A TRAVÉS DE LA ORACIÓN

Todos los años de agonía y los meses de oraciones renuentes, finalmente me llevaron al momento de rendir mi voluntad al Padre. Todo se había reducido a este momento.

Cuando le pregunté a Barry si él sabía dónde pasaría la eternidad, el bajó su cabeza y dijo: "No".

Tomé su mano y caminamos hacia el interior del edificio administrativo quemado. Estando a tan solo quince metros de distancia del lugar en el que encontré a mi padre asesinado, nos abrazamos mientras él hacía la oración del pecador y se arrepentía de sus pecados. Le pidió a Dios que lo perdone y le entregó su corazón a Jesucristo, e instantáneamente él y yo comenzamos a llorar mientras nos abrazábamos. No sé cuánto tiempo pasó mientras lloramos el uno en brazos del otro. Pero verdaderamente, este fue el sonido del perdón, al igual que el sonido del perdón que se escuchó en la alcoba cuando José finalmente decidió perdonar a sus hermanos. Cuando el pidió a los siervos que salieran de la habitación, ellos dijeron que podían escuchar el llanto, el gemido y el sollozo. Barry y yo conversamos por alrededor de treinta minutos antes de irme. Mientras salía del callejón y me dirigía a mi auto, el Espíritu Santo me habló y me dijo:

–Ahora ya estás limpio y puedo llevarte en la dirección a la cual te he llamado.

Nunca podrá perdonar totalmente hasta que pueda orar con sinceridad por la persona que lo lastimó.

No tenía idea de lo que estaba preparado para mí, pero sabía que Dios había obtenido la victoria esa noche.

Pronto Ed Cole se enteró de lo que había ocurrido

en mi vida, me llamó y me preguntó si podía orar y considerar si me gustaría trabajar para su ministerio. Dios puede abrir puertas en un instante y derramar bendiciones cuando le obedecemos. ¿Se da cuenta? Sólo una cosa impedía que yo subiera al próximo nivel que Dios tenía para mí: el perdón. La mayoría de nosotros tenemos algo que nos impide llegar al siguiente nivel que Dios tiene para nosotros. Sólo se requiere una palabra de parte de Dios para liberarnos y soltarnos hacia nuestro llamado. Usualmente se trata de la falta de perdón hacia alguien, o hacia uno mismo.

Su peor enemigo y su mejor amigo son la misma persona; no es su cónyuge, no es su pastor, es usted. Usted puede ser su peor enemigo, o su mejor amigo, al perdonarse o no a sí mismo. Nadie es más duro con usted que usted mismo.

En muchas ocasiones he tenido que decir: "Te perdono Jack", y he tenido que declarar esa oración de liberación a mi propio corazón y vida. Usted quizás necesita hacer lo mismo. Luego relájese. Relájese consigo mismo, y no sea tan duro con su persona.

Tenemos que recordar y regresar a 1 Juan 1:9 en busca de esa purificación que necesitamos: "*Si confesamos nuestros pecados, él es fiel y justo para perdonar nuestros pecados, y limpiarnos de toda maldad*". De la manera en que la sangre de Jesús derramada en el Calvario nos limpia de toda injusticia, cuando pecamos, si admitimos y confesamos nuestro pecado, Dios es fiel para perdonarnos.

Dios nos limpia de más cosas aparte del pecado en sí. Él trae purificación que nos limpia de las heridas de los recuerdos. El recuerdo quizás este ahí por siempre, pero la herida y el dolor son eliminados por el poder del Espíritu Santo. Esto fue una revelación para mí cuando el recuerdo de encontrar a mi padre asesinado y toda la herida, odio, furia y venganza ya no estaban conectadas en mi memoria. Todavía no entiendo cómo lo hizo Dios. No puedo explicarlo, pero recibí una revelación profunda en mi corazón que nadie podrá sacármela o hacerme

Si un hombre fiel cae, él es fiel para arrepentirse.

cambiar de opinión jamás. ¡Yo sé que Dios cambió mi corazón! ¡Fin de la discusión, no necesita explicarse! Fui purificado porque fui obediente. Por tanto, sepa usted que cualquier injusticia en su vida puede ser removida. Cada gota de dolor, cada parte de una herida, cada gota de sufrimiento, cada gota de odio, cada gota de furia, es extraída de su ser. Es por eso que la Palabra de Dios dice que "Él nos limpia de toda maldad".

Recuerde esto, en Juan 20:22 Jesús dijo: "*...Recibid el Espíritu Santo*", porque Él sabía que los discípulos necesitaban entender que sin el poder del Espíritu Santo uno no puede perdonar de la manera que Él perdona. Zacarías 4:6 nos dice: "*No con ejército, ni con fuerza, sino con mi Espíritu, ha dicho Jehová de los ejércitos". ¡Él lo liberará! Hechos 1:8 promete: "Pero recibiréis poder, cuando haya venido sobre vosotros el Espíritu Santo...*".

Si el Espíritu Santo ha hablado a su corazón acerca de cualquier persona que le haya ofendido y usted sabe que necesita perdonarla, libérese del pecado de aquella persona en su vida. Ese pecado es sólo un obstáculo por el que usted pierde el fruto y la bendición que Dios quiere darle. Quizás usted está esperando que aquel diga: "Lo siento, estoy equivocado, por favor perdóname, me arrepiento". Incluso posiblemente quiera que aquel pague con su propia vida por lo que le hizo. Pero eso jamás sanará su corazón ni sacará el dolor. Aquel quizás nunca diga: "Lo lamento". Tal vez nunca se acerque a usted para decirle: "Me arrepiento".

En Juan 19:30; mientras Jesús colgaba de la cruz, dijo: "Consumado es", e inclinó su cabeza y murió; luego todo fue consumado. No hubo "nada" más que se pudiera hacer por su sanidad. Cada dolor, cada herida, cada ofensa fue padecida, comprada y pagada por Cristo. Ninguna cantidad de "lo siento" o "me arrepiento" necesita ser aumentada a lo que Cristo proporcionó en la cruz. Decir que necesita que su ofensor pague por su ofensa, o que le diga "lo lamento", es semejante a decir que lo que hizo Cristo en el Calvario no fue suficiente.

¡Fue más que suficiente! El tormento de su pasado se terminó, y usted puede declararle al enemigo que "¡se acabó!".

La ofensa contra usted está bajo la sangre

de Cristo. ¡Déjela en la cruz! La cruz es el lugar de sustitución; no regrese a recoger cualquier injusticia por la cual Cristo vertió su sangre. Mientras vivamos en las ofensas y dolores del pasado, nunca podremos avanzar en Cristo.

Cuando le pregunté al socio de mi padre dónde pasaría la eternidad si es que moría esa noche, no podía creer que esas palabras estaban saliendo de mi boca. Luego me di cuenta que no era yo quien lo estaba haciendo, sino Cristo en mí. Definitivamente morí a mi voluntad. Ahora la voluntad de Dios estaba a punto de tomar su lugar.

Cuando Jesús estaba sobre la cruz del Calvario y dijo: "*Padre, perdónalos, porque no saben lo que hacen*", Él no estaba solamente pidiendo perdón por los soldados romanos y los ladrones que colgaban de las cruces junto a Él, sino que estaba pidiendo perdón por cada persona que le ofendiera o que pecara, por toda la historia de todos los tiempos, y por toda la humanidad. En ese instante obró el perdón como nunca jamás, y nunca antes Dios había tenido que ejercitar tanta fe. Se requiere de fe para perdonar ante el conocimiento de que quizás alguien nunca se acerque a usted para decirle que lo lamenta. Pero Jesucristo lo hizo. El tomó el lugar de aquellos que le han ofendido y al hacerlo dijo: "Lo siento, por favor perdóname". Lo dijo en lugar de ellos porque Él llevó sus pecados. Recordemos que cuando usted y yo caminamos en la falta de perdón es porque intentamos creernos superiores a Dios. Dios nunca ha caminado en la falta de perdón.

Posiblemente usted lo ha intentado por sí mismo, pero ha llegado al punto en el que sabe que debe decir: "Dios, es humanamente imposible perdonar de la manera que Tú perdonas. Necesito de tu gracia".

Es momento para que usted haga esta oración ahora mismo y libere su fe:

"Padre, en el nombre de Jesús me acerco a ti, como un hijo de Dios para pedirte que me perdones por caminar en la falta de perdón. Me arrepiento. Yo libero el pecado de otras personas fuera de mi vida; no quiero retenerlo. Los perdono, y te pido que me perdones, así como yo perdono a los demás. Libérame y limpia mi corazón de toda maldad. Te alabo por esto todos los días de mi vida. En el nombre de Jesús. Amén".

Ahora puede declarar la Escritura diciendo:

"*Así que, si el Hijo os libertare, seréis verdaderamente libres*". Juan 8:36

CAPÍTULO VIII

VIVIENDO UNA VIDA DE PERDÓN

Para llevar una vida de perdón yo necesitaba entender que Dios estaba en completo control de cada situación, no solamente de la terrible experiencia del asesinato de mi padre.

El pasaje bíblico que Dios me dio después de todo lo sucedido fue Romanos 8:28, que dice: "*Y sabemos que a los que aman a Dios, todas las cosas les ayudan a bien, esto es, a los que conforme a su propósito son llamados*".

Cuando leí este pasaje bíblico no tuve

ninguna revelación con respecto a que algo bueno pudiera esperarse de esta situación, excepto si el asesino pagara con su propia vida por lo que hizo. Aun así, eso no habría sido algo "bueno".

Cuando hice el pacto en mi corazón de vengar la muerte de mi padre y llevar a su asesino a la justicia, no me di cuenta que había hecho un voto de venganza. En ese momento no me detuve a considerar que la venganza le corresponde a Dios únicamente. Él usa su venganza justa y santa para su beneficio, para hacer crecer el Reino de Luz. Pero ese no era el tipo de venganza que yo buscaba; mi venganza era en contra de un hombre, pero la venganza de Dios es en contra del reino de las tinieblas.

Cuando vemos el panorama general eterno, es fácil ver las cosas desde la perspectiva de Dios. Pero si seguimos enfocándonos en nuestras ofensas personales, continuaremos luchando. Podemos perder la voluntad de Dios y lo mejor de Él para nuestras vidas, cuando ponemos nuestra mirada en el resto y en lo que sentimos que deben hacer para satisfacer nuestra propia justicia.

Ya que he enfatizado el perdón a los demás y lo que esperamos de aquellos que nos han ofendido, quiero asegurarme de que usted se de cuenta que cuando digo que no deberíamos esperar que alguien admita lo que ha hecho y diga que lo lamenta, no estoy eximiendo a aquellas personas de la responsabilidad que pesa sobre sus espaldas. Cada uno de los que hayamos herido o hecho algún mal a otra persona seremos responsables de eso ante Dios. Podemos aceptar esa responsabilidad mientras estamos en este mundo, arrepentirnos, pedirle a Dios que nos perdone, y seguir adelante en su voluntad, o podemos ignorar la Palabra de Dios y vivir una vida miserable llena de culpabilidad y condenación.

Cuando se libera a alguien de la ofensa causada, es uno quien se libera, tanto de ellos como de su propio dolor y odio. Pero esas personas continúan llevando la culpa, además de cualquier consecuencia de desdicha que se hayan causado a sí mismos. Su perdón hacia ellos no les quita eso. Simplemente usted se da cuenta que a usted no le corresponde producir el cambio o el arrepentimiento, pues esa es la responsabilidad de Dios. Sin embargo, su primera preocupación es que usted sea libre del dolor, y eso sólo viene a través del perdón. Yo sé que ya tengo más que suficiente de lo cual encargarme en mi propia vida, sin asumir las cosas que los demás me hacen y sin añadir eso a mi "lista de cosas para hacer" para la próxima vez que hable con Dios.

¿Me hago entender?

No tengo tiempo para molestarme por las cosas que los demás digan de mí, las cuales quizás dañen mis sentimientos. Yo ya cometo bastantes errores por cuenta propia de los cuales necesito pedir perdón a Dios.

Guardar las ofensas le impide amar a Dios con todo su corazón, alma y mente.

No obstante a veces aparecemos con listados que nos obligan a seguir cargando estas pesadas molestias que sí podemos y debemos dejar de llevar.

Primera lista: Cosas por las cuales debo

arrepentirme y pedir perdón.

Segunda lista: Ofensas de otras personas que tengo que perdonar y olvidar.

Tercera lista: Personas que han ofendido a mis hermanos, hermanas, y amigos. Asegurarme de no estar mal con ellos.

No es que no tenemos suficiente de nuestros propios problemas con los que debemos lidiar y limpiar de nuestras vidas. Sin embargo, continuamos aceptando ofensas que no tienen nada que ver con nosotros.

Escúcheme, nosotros no seremos juzgados como responsables en el día del juicio por la ofensa de alguien a nuestros amigos, a menos que nosotros estemos asumiendo la ofensa, guardando rencor, y caminando en la falta de perdón.

¿Acaso no es esto una locura?

Usualmente al llegar a este punto en una reunión de hombres, les digo que miren a la persona a su lado y le digan: "Me parece que está hablando acerca de ti". Es gracioso, pero triste a la vez.

Nuestra naturaleza humana a menudo está tan dispuesta a apresurarse a no perdonar, que no tenemos ningún inconveniente con guardar las ofensas de los demás. Alguien ofende a su mejor amigo o a un pariente, y puede terminar llevando no sólo su dolor, sino también el de aquel a quien ama. A veces esos resentimientos son más difíciles de sacar porque nos sentimos justificados al defender y proteger a aquellos a quienes amamos.

Un domingo mientras estaba compartiendo mi testimonio en un servicio y ministrando el "Acto No Natural del Perdón", hice un llamado al altar para orar por las familias que habían tenido algún familiar amado que había sido asesinado, y que estuvieran experimentando inconvenientes para perdonar al asesino. El altar ya estaba lleno cuando invité luego a las familias que tenían algún ser amado en prisión por haber cometido un asesinato.

Permanecí muy callado mientras todos comenzamos a sentir la presencia de Dios y lo que Él estaba a punto de hacer. Entonces dije algo que nunca antes había pensado o había hecho.

Estas palabras salieron por mi boca desde

mi corazón: "Yo obtuve la venganza, pero no aquella que declaré cuando el cuerpo de mi padre estaba entre mis brazos. Cuando el socio de mi padre le entregó su corazón a Cristo, yo obtuve la venganza que Dios anhela, en contra del reino de las tinieblas".

Nosotros pensamos que aquel que asesinó a nuestro ser amado es el enemigo. Es ahí donde Satanás desea que permanezcamos, persiguiéndonos unos a otros en lugar de ir tras el verdadero enemigo.

Ese domingo dos grupos diferentes de familias estuvieron de pie en el altar con la necesidad de ser liberados: las familias de las víctimas asesinadas, y las familias de los asesinos.

Una de las cosas que nos libera, la cual constituye el segundo gran mandamiento que Cristo anhela que imitemos es el amor a nuestro prójimo. Entonces les dije: "Hoy vamos a cumplir esa Escritura al orar unos por otros".

¡Qué hermoso! Ver a muchas personas que comenzaban a llorar y a dirigirse al otro grupo para pedir perdón mientras oraban y se abrazaban unos a otros fue una escena increíble y un testimonio del poder restaurador de Dios. Las ofensas asumidas en lugar de otras personas fueron liberadas; fue un día grandioso en el Señor, y una vez más, se obtuvo la venganza en contra del reino de las tinieblas.

Una de entre las numerosas familias que se me acercaron después para compartir lo que Dios había hecho en sus corazones me dijeron que por primera vez desde que su hijo había sido asesinado, lograban finalmente amar al Señor ¡con todo su corazón!

En Mateo 22:37 Jesús dice: "*Amarás al Señor tu Dios con todo tu corazón, y con toda tu alma, y con toda tu mente*".

¡Al fin fueron libres para amar a Dios nuevamente! Piense en esto: libertad total es cuando su corazón, su alma y su mente son libres para amar a Dios. ¡De eso se trató la cruz! Esto es lo que abre un río de perdón para que podamos entrar al Cielo.

Lo "bueno" de Dios es mucho mejor que lo que nosotros consideramos como "bueno"

Esta familia continúo diciendo que al orar

por y con las familias de los que tenían seres amados en prisión por asesinato, sintieron una susceptibilidad instantánea de aquello por lo que habían atravesado. Me pregunto si lo que intentaban decirme es que tenían un nuevo entendimiento del segundo gran mandamiento que Jesús les dio a los fariseos: "*...Amarás a tu prójimo como a ti mismo*". (Mateo 22:39)

Cuando se hace el intento de amar a alguien a quien resulta difícil amar, es más fácil amarse a sí mismo, lo cual causa que el amor al prójimo sea más fácil, y por ende lo capacita para amar al Señor con todo su corazón.

Los dos grandes mandamientos son lo que le permitieron a Jesús decir: "*Padre, perdónalos, porque no saben lo que hacen*". (Lucas 23:34)

En muchas ocasiones no tenemos la menor idea de lo que estamos haciendo o de lo que nos causa el hecho de rehusarnos a perdonar de la manera que Jesús nos enseñó y demostró, por el contrario, insistimos en que los demás paguen por lo que hicieron.

Las últimas oraciones al final de cada uno

de los primeros capítulos de mi libro titulado "Asesinato por Contrato", hacen esta afirmación: "¡Alguien va a tener que pagar por esto!".

¿Puedo decirle cuál es el título del último capítulo?

Es "¡Alguien sí pagó!"

Su nombre es Jesús.

Jesús lo pagó todo. No hay nada más que Él o cualquier otra persona deba hacer.

Él dijo: "Consumado es". (Juan 19:30)

Al nosotros decir que hay algo más que alguien debe hacer para que dejemos de sufrir, o esperar que alguien nos diga "lo siento, me arrepiento, perdóname", estamos afirmando que lo que hizo Cristo en el Calvario no fue suficiente.

¡Fue más que suficiente!

Literalmente cada centímetro de la piel de su espalda fue desgarrada.

Él no se lastimó los dedos y derramó un par de gotas de sangre, Él no derramó simplemente un cuarto de sangre, sino que cada gota de su sangre fue derramada de su cuerpo.

Él dio su vida, ¿qué más podría haber

dado?

¡Oh cuánto nos ama a ti y a mí!, dice la canción.

Sólo queda una cosa por hacer: es que usted y yo aceptemos su obsequio de sacrificio, su perdón, su misericordia, su gracia y su amor incondicional, y que luego lo compartamos.

Tu mejor amigo y tu peor enemigo pueden ser la misma persona: Tú.

En Mateo 10:8 Jesús le dice a sus discípulos: "*... de gracia recibisteis, dad de gracia*".

En algunas ocasiones de mi vida me he dado cuenta que parece más difícil pedir perdón que perdonar. Sé que a los hombres les es mucho más difícil pedir perdón, que a las mujeres.

He visto esto literalmente en las vidas de cientos de hombres alrededor del mundo.

Algo que he aprendido en el ministerio de los hombres es que a estos se les hace muy difícil decir que admiten que se han equivocado y decir que lo lamentan, ¡además de no querer pedir orientación cuando están perdidos! (Todas las mujeres leyendo esto ahora están diciendo "¡AMÉN!").

La mejor manera de aprender a perdonar es pidiendo perdón. Mi familia me perdonó cuando no merecía ser perdonado, me amaron cuando no merecía ser amado, y me han respetado cuando no merecía ser respetado.

Cuarenta años de matrimonio me han enseñado el verdadero significado del amor, el respeto y el perdón. Ahora lo entiendo mejor porque Betty me ha amado como Cristo me ama.

Había una canción que solíamos cantar con nuestros hijos. Esta me recuerda lo que tenemos que hacer con el perdón que Dios nos ha dado:

"*El amor no es nada hasta que lo entregas, entrégalo, entrégalo;*
Es como un centavo de oro,
Sostenlo fuerte y no tendrás ninguno.
Préstalo, gástalo
Y tendrás tantos,
Que rodarán por todo el suelo.
El amor no es amor hasta que tú lo entregas,
Entrégalo".

Y tampoco lo es el perdón. Se convierte en un gran obsequio y pone una nueva canción en tu corazón.

Ruego que el Espíritu Santo, a través de la Palabra de Dios, haya abierto su corazón

y los ojos espirituales de su entendimiento para recibir su poder sanador. Sin embargo, una vez que usted lo haya recibido, compártalo con los demás y ministre el amor y la misericordia de Dios con ellos.

CAPÍTULO IX

EL PERDÓN ES SÓLO EL COMIENZO

El perdón no es algo de una sola vez. Sería grandioso que así fuera, si solamente se dijera: “Yo perdono”, ¡y listo!, y nunca más regresa de nuevo, ¡y fin! Pero un acto de perdón no es el final; es el comienzo de lo que Dios está haciendo mucho más allá de nuestro razonamiento humano, si es que se lo permitimos.

Hay un enemigo que quiere sacarlo de estar a la sombra de la sangre de Cristo. Él no tiene poder para hacer eso, a menos que usted y yo se lo permitamos. Muchas veces he sido atormentado con los recuerdos del pasado y el por qué no continuar haciendo algo al respecto. Pero es ahí cuando le recuerdo a Satanás acerca de la sangre de Cristo; el perdón que me fue provisto en el Calvario, y el gozo del socio de mi padre al aceptar a Jesucristo como su Señor y Salvador.

Hay una batalla en acción, pero: "*...las armas de nuestra milicia no son carnales, sino poderosas en Dios para la destrucción de fortalezas, derribando argumentos y toda altivez que se levanta contra el conocimiento de Dios, y llevando cautivo todo pensamiento a la obediencia a Cristo*". (2 Corintios 10:4-5)

Nuestras armas en lo humano son pistolas, cuchillos, ametralladoras, granadas, misiles, todas esas armas que usamos en lo natural para las guerras y al luchar por la libertad. Las armas que nos han sido provistas en calidad de creyentes son el nombre de Jesús, la Palabra de Dios, la sangre del Cordero y la palabra de nuestro testimonio, según lo que nos recuerdan los siguientes pasajes:

"*Entonces oí una gran voz en el cielo, que*

decía: Ahora ha venido la salvación, el poder, y el Reino de nuestro Dios, y la autoridad de su Cristo; porque ha sido lanzado fuera el acusador de nuestros hermanos, el que los acusaba delante de nuestro Dios día y noche". (Apocalipsis 12:10)

"*Y ellos le han vencido por medio de la sangre del Cordero y de la palabra del testimonio de ellos, y menospreciaron sus vidas hasta la muerte*". (Apocalipsis 12:11)

Cuando el acusador se acerca para atacarnos con lo que pasó en el pasado, es ahí cuando tenemos que darle a él testimonio de lo que Cristo ha hecho en nuestras vidas. Recordémosle la hora y el día de nuestra salvación, además del momento en que se haya liberado el pecado de otra persona fuera de nuestra vida.

Una de las cosas que he disfrutado al escribir este libro para la gloria de Dios, es el recordar todo lo que Él ha hecho en las vidas de otras personas a través de este mensaje de perdón. Esto produce en mí tanto humildad como gratitud.

Quiero que usted de un vistazo al interior del ministerio del cual Dios me ha permitido ser parte, como resultado de una decisión tomada: orar por mis enemigos. Fue lo más difícil que Dios me ha pedido que haga, pero sólo Él me dio la gracia para hacerlo.

Lo que me parece sorprendente es lo siguiente: mi padre fue asesinado, y yo quería que el asesino, o el autor del crimen, pague por eso. En calidad de ex-sargento de entrenamiento, yo estaba acostumbrado a: "partir caras, anotar direcciones y luego hacer preguntas", yo sabía como lograr que se haga el trabajo. Mientras yo buscaba justicia y venganza, Dios estaba en la búsqueda de hombres que se pongan en la brecha por otros hombres. No tenía idea que Él me iba a llamar a un ministerio exclusivo para pararme en esa brecha necesaria.

Dios me envió un amigo fiel durante el tiempo que yo luchaba con la falta de perdón. Él constantemente me recordaba cuánto Dios me ama, incluso cuando mi única respuesta era "Ya, sí, claro". Entonces finalmente Dios atrajo mi atención para alertarme ya que estaba a punto de causar una tragedia peor de la que mi familia ya había pasado. Imagínese como hubiera sido mi vida si hubiera matado a Barry. ¡Esa habría sido una tragedia doble! ¿Se está dando cuenta de esto? Tan sólo ese milagro es suficiente para mantenerme regocijándome en Dios por el resto de mi vida. Aunque nada hubiese sucedido en mi vida, excepto el recobrar mis cinco sentidos y perdonar a esa persona, eso es más que suficiente gracia, misericordia y perdón para celebrar por toda la eternidad.

¡Pero no!, eso no fue lo único "bueno" que Dios tenía planificado para Jack King, al contrario, fue mucho más que eso. Incluso ahora, me es difícil creer la forma en la que Dios se ha movido en mi vida mientras vivo de manera personal el frecuente milagro de ver corazones rotos que son sanados a través del poder del perdón.

Su mayor unción proviene de su sanidad más profunda.

En cierta ocasión, después de ministrar este mensaje de perdón en una congregación, el pastor me llevó hacia un extremo y me dijo: "Jack, ¿sabes algo? Tu mayor unción está en el área de tu sanidad más profunda".

Le pregunté qué significaba eso, y entonces respondió: "Si tengo a alguien que necesita oración por un problema de falta de perdón, yo quiero que alguien como tú ore por esa persona".

Cuando se ha sido liberado de algo que ha dominado la vida con tanta fuerza, uno desea contárselo a todos para que también sean libres. Nunca antes lo había pensado de esta manera, pero he pasado los últimos veinte años de mi vida compartiendo acerca del poder del amor y del perdón de Dios.

Dodie Osteen escribió el libro titulado "Sanada de Cáncer", el cual habla de su milagrosa victoria sobre el incurable cáncer de hígado. ¿Tiene usted idea de cuántos miles de personas recuperaron la esperanza cuando Dios las sanó? Mi cuñada fue una de las personas de ese grupo; ella leyó el libro de la hermana Osteen y comenzó a confiar en la Palabra y a leer los versículos acerca de sanidad. Ella no dejaba que las personas digan ninguna palabra que no estuviera de acuerdo con la Palabra de Dios, aunque a ella nunca se le dijo desde el púlpito de su iglesia, que por las llagas de Jesús ella era sanada.

"*Es, pues, la fe la certeza de lo que se espera, la convicción de lo que no se ve*". (Hebreos 11:1)

La Palabra de Dios le dio fe, y la fe restauró su esperanza en algo que ella no podía ver, y por eso mi cuñada ha estado sana por más de quince años.

Lo que suceda en nuestras vidas mientras estamos en este cuerpo mortal no tiene importancia ya que eso no cambia el plan de Dios para nosotros.

Cuando Su Palabra dice: "*TODAS LAS COSAS les ayudan a bien*", significa "todas" las cosas, no sólo algunas. Pero no será de provecho en absoluto tan sólo porque la Palabra lo diga, pues nosotros debemos vivirla y creerla.

Su fe nunca le afecta sólo a usted.

La Palabra de Dios es como el jabón; sirve si se lo aplica.

Claro, Dios tomó algo con un mal propósito y lo tornó en algo bueno. El sólo hecho de que esto haya sucedido en mi vida y haya afectado a mi familia habría sido motivo suficiente para regocijarnos hasta llegar al

Cielo.

Pero cuando el Apóstol Pablo dijo: "... *todas las cosas les ayudan a bien, esto es, a los que conforme a su propósito son llamados*", él tuvo una gran revelación de la cual yo he tenido tan sólo una pequeña visión momentánea, la cual va en aumento con el obrar de Dios en mi vida.

Estoy descubriendo que el vocabulario y definición de Dios con respecto a la palabra "bien" excede cualquier cosa que yo pudiera esperar, imaginar o soñar. Al escuchar o leer la palabra "bien", no estoy seguro de que nosotros tenemos la capacidad mental o intelectual para captar la "magnitud" del plan de bien que Dios tiene para nuestras vidas. Pero cuando Dios toma algo destinado a lo malo y lo transforma en algo de bien, ciertamente quedamos maravillados de lo que su "bien" realmente significa.

Entonces, ¿qué fue lo que hizo Dios en mi vida?

Bien, primero tuvo que hacerme salvo por completo (¡eso fue un milagro!).

Luego tuvo que convencerme para que perdone a esa persona (¡otro milagro!).

No sólo eso, sino que también tuvo que hacerme entender de alguna manera que necesitaba pedirle a esa persona que 'me perdone'" (¡Caramba, eso estaba en el grupo de los imposibles!).

Y bien, usted conoce el resto de la historia. ¿No es cierto? Cuando la voluntad y plan de Dios para usted están a toda marcha, no hay duda alguna de que se trata ciertamente de un "asunto de Dios" tomando lugar en su vida. Y por medio de la tragedia del asesinato de mi padre, Dios estaba esperando que yo le obedeciera y tomara las decisiones correctas, decisiones que tomé con las fuerzas que Él me dio. Y cuando lo seguí a Él y tomé mi cruz, hubo una liberación, y Dios pudo bendecir mi vida. Entonces, debido a la victoria de Dios en mi vida, Él le dijo al diablo: "Te lo voy a demostrar. ¡Observa esto!"

Se me pidió que sea parte integral de un ministerio mundial para hombres con Edwin Louis Cole. Dios me ha enviado alrededor del mundo a conocer a cientos de personas increíbles que necesitaban escuchar acerca de su amor y su perdón. Él me moldeó y me preparó hasta que Ed Cole fue a morar con el Señor. Luego comencé a aprender lo que verdaderamente significa confiar en Dios y depender de Él.

Yo he sido llamado a ministrar a cientos de hombres alrededor del mundo en: Estonia, Letonia y Lituania, Rusia, Escocia, Inglaterra, Zimbabue, Kenia, Uganda, en las Islas Fiji, Australia, Nueva Zelanda, Perú, Argentina, Paraguay, Ecuador, Colombia, El Salvador, Venezuela, Puerto Rico, Belice, Canadá, y México. Cuando tanto las iglesias más pequeñas como las más grandes en Estados Unidos han estado clamando por algo que les ayude a cumplir la Gran Comisión y hacer discípulos de sus hombres, Dios me ha permitido poner en las manos de los pastores una herramienta para ayudarles a ver la fructificación de la visión y sueño de sus corazones. Esta herramienta se llama: "Hombría al Máximo", y representa una de las falencias de la iglesia de hoy.

A través de Ed Cole, Dios me dio la promesa de que este ministerio debía llamarse "Ministerio Hombres Fieles". Fui bendecido cuando un hermano de Rodesia (ahora República de Zimbabue) tuvo otra palabra muy firme indicándome que había llegado el momento de escribir unos cuantos libros que ministraran a los hombres alrededor del mundo. Como ustedes ya conocen, mi primer libro se titula "Asesinato por Contrato". A todos les atrae un buen misterio de un asesinato, y fue presentado de esa manera a propósito. Mi oración ha sido que en el momento que el lector llegue al décimo capítulo, Dios ya tenga la totalidad de su atención y que pueda escuchar el Evangelio sin tener que estar en una iglesia. Este libro ya ha tocado la vida de muchas personas alrededor del mundo, incluso en lugares menos esperados, como por ejemplo dentro de las paredes de una prisión.

Constantemente me asombro de lo que Dios puede hacer con el testimonio de tan sólo un hombre que se rinde a Él.

Con respecto al libro que usted está leyendo ahora mismo, también es otra semilla que está siendo sembrada en otra vida, en este instante es "su" vida, a fin de reproducir el amor y el perdón de Dios. Y simplemente piense, todo esto y más nació de un voto de venganza. Por tanto, cuando la Palabra de

Dios quiere darle más que un sólo milagro en toda su vida. No se conforme con sólo un puñado de sus milagros.

Dios dice: "*Y sabemos que a los que aman a Dios, todas las cosas les ayudan a bien, esto es, a los que conforme a su propósito son llamados*", lo dice muy en serio. Ciertamente sus caminos son más altos que nuestros caminos, y sus palabras nunca volverán vacías. (Isaías 55:9, 11)

Yo anhelo que por medio de los milagros que Dios ha hecho en mi vida, usted haya sido alentado y haya recibido una revelación para su propia vida y llamado. Mi oración es para que usted encuentre su propia liberación para ser fructífero y multiplicarse.

Un domingo después de un servicio en una iglesia, estaba en nuestro stand de recursos cuando una señora se me acercó y me dijo: "No lo sabía". Le respondí: "¿No sabía qué?" Ella me dijo: "No tenía idea de que usted iba a estar aquí. Nadie lo sabía".

Le dije que al pastor no le gustaba anunciar a predicadores invitados para el servicio del domingo, porque algunos de los feligreses se quedaban en sus hogares cuando se enteraban que él no iba a predicar. El pastor quería que todos estén para escuchar el mensaje acerca del perdón.

Ella respondió: "Usted no entiende. Yo traje a mi hermana esta mañana sin saber que usted estaría predicando. El hijo de mi hermana fue asesinado esta semana por el socio de su empresa. Continuamente me miraba y me decía: "¿Cómo lo supiste?" Y yo continuaba diciéndole: "¡Dios lo sabía!".

Le pregunté a esta mujer en dónde estaba su hermana, y mientras miraba alrededor la vi parada junto a la puerta principal. Vi que estaba con su cabeza agachada y que miraba fijamente a través de las puertas de vidrio. Me acerqué para darle una copia del libro "Asesinato por Contrato" y puse mi mano sobre su hombro. Se dio la vuelta, me miró a los ojos y comenzó a llorar amargamente. Ella sabía que yo podía comprender el dolor y las heridas profundas de su corazón. Le dije: "Lamento mucho su pérdida. De algún modo Dios va a usar esto de manera poderosa".

Levantó su mirada y me dijo: "Mi esposo está lleno de furia. Tengo temor de que él vaya a hacer algo". Abrí la portada de mi libro, y le pregunté su nombre. Escribí una nota para él en la primera página y la firmé con "Romanos 8:28". Oré con ella y luego se fue a su automóvil con su hermana. Las vi caminar juntas y recordé cuán difíciles son esos momentos cuando se está en un total desconcierto.

Regresé a mi stand y le dije a Dios: "¿Cuántos más así hay en la iglesia, que no saben cómo ser sanados y liberados del dolor?" Dios dijo: "Muchos, así que prepárate para más".

¡Yo estoy listo! ¿Lo está usted?

Permítale a Dios mostrar su fidelidad.

Esta es la razón por la que nuestro ministerio se denomina "Ministerio Hombres Fieles"; porque se trata de la fidelidad de Dios. No tengo que probarla, sólo tengo que creerla y vivirla. Dios está buscando fidelidad.

En 1 Juan 1:9 dice: "*Si confesamos nuestros pecados, él es fiel y justo para perdonar nuestros pecados, y limpiarnos de toda maldad*".

Tenga la convicción de que este pasaje

bíblico nos promete justicia y fidelidad a través del perdón, luego promete limpiarnos de toda maldad que alguna vez se nos haya hecho.

¡Esto refleja el amor del Padre!

Recíbalo en el nombre de Jesús.

Luego compártalo con los demás.

Acerca del Autor

Jack & Betty King

Jack C. King es el fundador y presidente del Ministerio Hombres Fieles con sede en Dallas, TX. Ha estado casado con Betty por cuarenta años, y juntos tienen cinco hijos y ocho nietos.

Por quince años ha servido a Edwin Louis Cole, autor, conferencista y ministro de hombres. Ha predicado en treinta y nueve estados y en veintisiete países acerca del perdón y de la verdadera semejanza a Cristo.

Él ministra con denuedo inusual, pero también con ternura, al hablar tanto a hombres como a mujeres sobre "*El Acto no natural del Perdón*". Él fue también un sargento de entrenamiento en el Ejército de los Estados Unidos.

Jack es el autor de dos libros: "*Asesinato por Contrato*", el cual cuenta con más detalle el asesinato de su padre y la investigación. En este libro usted leerá más específicamente sobre cómo él respondió al Señor durante ese tiempo trágico.

Si usted conoce a alguien a quien este libro le podría ser de bendición, por favor hágaselo llegar. Luego solicite uno más para la siguiente persona que Dios ponga en su corazón, a fin de alcanzarla por medio de este poderoso mensaje acerca del perdón.

Si Dios ha usado este libro en su vida, nos encantaría escuchar su testimonio. Por favor envíenos una carta o correo electrónico a la dirección en la parte inferior.

Además puede revisar nuestra página web en: www.fm318.com para mayores detalles de este y otros libros que cambian vidas, los mismos que le ayudarán en su caminar con el Señor.

Escríbanos a:
Faithful Men Ministries
PO Box 612241
Dallas, TX 75261

www.fm318.com

Para solicitar información sobre las conferencias por correo convencional escriba a:

Faithful Men Ministries
PO Box 612241
Dallas, TX 75261

O envíenos un correo electrónico a:

support@fm318.com

Llamada gratuita al:

1-877-399-1047

DEL MISMO AUTOR

Es increíble cómo la vida puede cambiar completamente en un sólo momento debido a la decisión de otra persona que tiene odio, enojo y venganza en su corazón.

"Cuando encontré a mi padre asesinado, le hice un voto de vengar su muerte y entregar a su asesino a la justicia. Yo pensé que estaba haciendo lo que cualquier hijo haría por su padre".

"Nunca creí que algo bueno podría resultar del asesinato de mi padre, excepto si el asesino pagaba con su vida".

"Espero que mientras lea este libro se embarque en un viaje que cambiará su vida, así como cambió mi vida y la de mi familia".

JACK KING

www.zoegraf.com

APRENDA SOLUCIONES PRÁCTICAS Y APLICABLES CONOCIDAS SOLAMENTE POR CAMPEONES Y LÍDERES

Ed Cole nos revela secretos de los problemas diarios, que no permiten a la gente alcanzar su máximo potencial. ¡Ahora estas situaciones lo impulsarán hacia su mayor éxito! Este mensaje directo y desafiante incluye estas leyes secretas que le ayudarán a:

- Fortalecer sus atributos positivos.
- Levantarse por encima de la injusticia y la crítica.
- Cambiar la tensión por la paz mental.
- Resolver los conflictos mentales y la culpabilidad.
- Convertir la ansiedad en motivación.
- Recobrar su visión, y renovar sus sueños.
- Abrir las puertas hacia un futuro exitoso.

¡Descubra estos principios brillantes para que pueda cumplir su destino!

www.zoegraf.com

TENSIÓN, CAMBIÓ, CRISIS... ¡TODOS SABEMOS LO QUE SON! TODOS HEMOS SIDO TENTADOS A ESCAPAR, OLVIDAR O RENDIRNOS.

El escritor de éxito, Edwin Louis Cole, enseña que "la crisis es normal en la vida". Pero Dios tiene una forma de hacerte triunfador en cada situación.

¡Enfrentar el desafío del desempleo, la crisis de la edad mediana, dificultades en el matrimonio, mudanzas, problemas financieros y tensión en general, pueden convertirse en el combustible que lo impulse a sus mayores victorias y éxitos.

En los capítulos de lectura rápida de este clásico best-seller, Edwin Louis Cole ofrece respuestas reales, soluciones sensatas para los cambios y las crisis contemporáneas. Usted aprenderá:

- Qué hacer frente a la crisis.
- Diez pasos para surgir de lo antiguo y unirse a lo nuevo.
- Cómo transformar la crisis en éxito rotundo.
- Cuál es su parte, cuál es la porción de Dios.

www.zoegraf.com

"LO QUE TÚ CREES ES LA BASE DE TU CONDUCTA, CARÁCTER Y DESTINO. MIENTRAS EL MUNDO BUSCA MEJORES MÉTODOS, DIOS BUSCA MEJORES HOMBRES."

-EDWIN LOUIS COLE

El avance tecnológico y la decadencia moral crecen vertiginosamente. Y es que en su búsqueda de satisfacción, muchos hombres han perdido el significado de la hombría, rindiendo sus ideales por cosas inmorales, ilegales, irresponsables y sin ningún tipo de ética.

De allí que hoy sea más necesario que nunca que se levanten hombres de valor, integridad y de verdadera hombría, que se paren firmes ante el avance del mal y que superen las filosofías peligrosas que se expanden como un virus. Hombres que traigan esperanza, dignidad y orden nuevamente a este mundo que está desesperadamente necesitado. Hombres que aún estén dispuestos a ser héroes.

www.zoegraf.com